논리가 술술 톡톡

EBS 논술톡의 구성과 특장

1 『EBS 논술톡』은 생각하는 힘을 키우는 독서 논술 교재입니다.

『EBS 논술톡』은 초등학교의 단계별 특징에 맞는 문제를 해결하면서 자기주도적으로 학습할 수 있는 워크북 형식의 초등 독서 논술 교재입니다. 또한 초등학교 학생들의 논리적인 사고력과 창의적인 사고력을 향상시켜 주는 읽기와 쓰기 활동을 강화하였습니다. 초등학교 때 읽기와 쓰기 활동을 통하여 습득한 논리적인 사고력과 창의적 사고력은 모든 교과 학습의 바탕이 되고 사람다운 사람으로 성장하는 데 큰 자양분이 됩니다.

 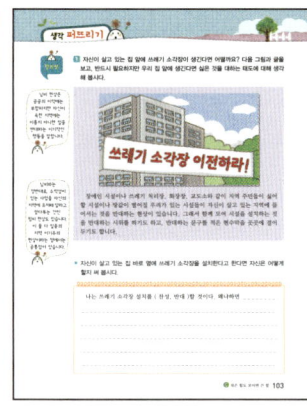 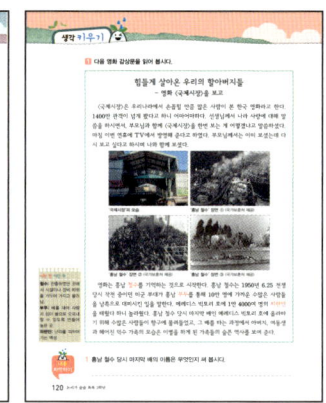

2 『EBS 논술톡』은 창의 인성 교육에 부응하는 독서 논술 교재입니다.

『EBS 논술톡』은 최근 창의 인성 교육의 필요성에 부응하여 나·가족, 학교, 이웃·동네, 국가·세계 등 4개의 대영역으로 구분하고, 인성 덕목 18개의 가치 요소로 나누어 학년별로 체계화하여 제시하였습니다. 인성 덕목 18개의 가치 요소는 학년별 특성에 맞도록 구성하여 하나의 주제로 이야기 글, 기타 글, 논술 주제로 구분하였습니다. 또 소주제를 제시하여 동화, 칭찬하는 글, 기사문, 광고문 등의 특성에 맞게 짜임새 있는 글로 조직하여 학생들에게 전달하고, 그 의미를 생각하게 하며, 이를 어떻게 읽고 자기 것으로 소화시킬 것인지 그에 대한 방법을 제시합니다.

구분	나·가족	학교	이웃·동네	국가·세계
1학년	효도	존중	협동	애국심
	사랑의 표현	사이좋은 친구	서로 돕는 우리	자랑스러운 우리나라
2학년	존중	배려	공익	자연애
	소중한 나	사이좋은 친구들	함께하는 우리	하나뿐인 지구
3학년	효도	책임	협동	애국심
	나의 사랑, 부모님	내 생활의 주인은 나	작은 힘도 모으면 큰 힘	나라 사랑 큰 나무
4학년	성실	자율	인류애	생명 존중
	내 마음 속 진심	나를 찾는 술래잡기	더불어 살아가는 우리	생명 사랑의 실천
5학년	통일의지	정의	존중	준법
	이산가족의 아픔	두 얼굴의 학교생활	모두를 위한 세상	법사랑 행복사회
6학년	절제	성실	예절	평화
	나와의 약속	성공의 열쇠	우리말 나들이	하나 된 지구촌

3 『EBS 논술톡』은 단계별 활동 중심의 독서 논술 교재입니다.

『EBS 논술톡』은 단순히 글을 읽고 써 보는 활동이 아닌, 각 소주제에 따라 생각틔우기, 생각키우기, 생각피우기, 생각퍼뜨리기의 4단계로 구성하여 읽고 쓰고 생각하는 활동을 하나의 과정으로 통합하여 제시하였습니다.

글을 읽기 전에 글의 배경을 먼저 알아보고, 자신의 경험을 생각하며 낱말을 익히는 활동을 합니다.

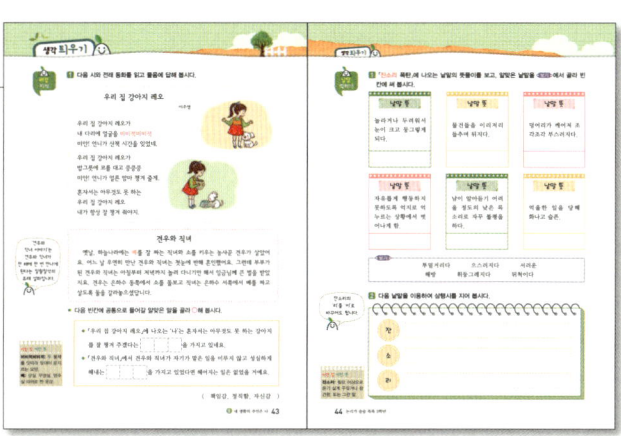

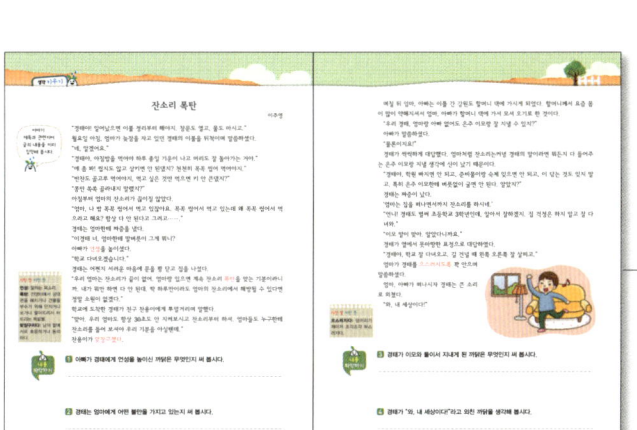

일정한 기준에 따라 글의 내용을 정리하며 글이 어떻게 연결되고 짜여 있는지 파악해 보고, 자신의 느낌과 생각을 표현해 보는 활동을 합니다.

글의 주제나 중심 생각 등에 대해 알아보고 예측해 보는 활동과 자신의 생활과 비교해 보며 글의 내용을 파악하고 확인하는 활동을 합니다.

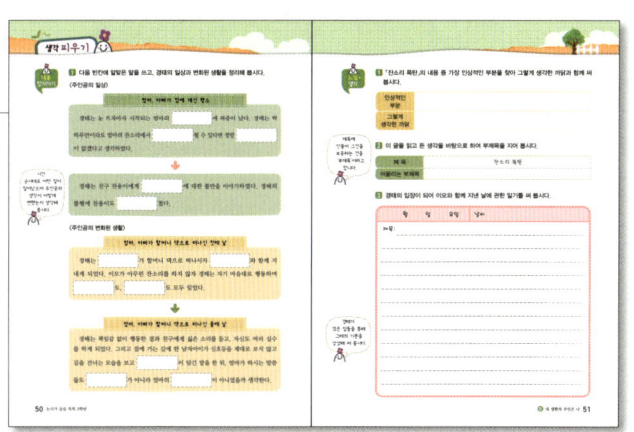

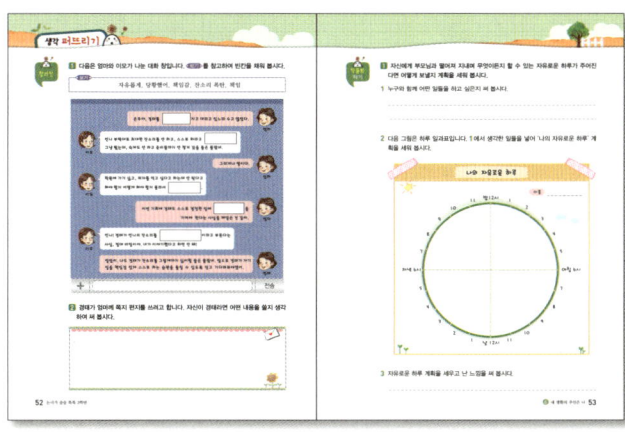

생각피우기에서 정리하고 표현한 내용을 형식화하고 일반화하는 과정을 통해 주제에 맞게 글을 써 보고 작품화하는 활동을 합니다.

EBS 논술톡의 차례

A 나의 사랑, 부모님 | 효도

이야기 글
1. 우주 최강의 가족 …… 8
   - '효도'의 의미를 생각하며 낱말 익히기
   - 우리 집과 비교하며 내용 파악하기
   - 내용을 정리하고 생각과 느낌 표현하기
   - 효도를 실천하기 위한 역할극 대본 만들기

기타 글
2. 부모님께 드리는 상장 …… 20
   - 칭찬하는 글의 특성을 알고 배경 지식 익히기
   - '칭찬의 힘'을 다룬 글을 읽고 내용 파악하기
   - 효도를 실천한 모습을 보고 칭찬하는 글 쓰기
   - 일상생활에서 칭찬 생활화하기

논술 주제
3. 늙으신 부모님을 모시고 살아야 하는가 …… 28
   - 옛사람들에게서 배우는 효(孝)의 자세 알기
   - 사례를 통해 진정한 효도의 의미를 생각하기
   - 자신의 생각을 정리하여 글쓰기 준비하기
   - 주장하는 글을 쓰고 명언·그림으로 표현하기

B 내 생활의 주인은 나 | 책임감

이야기 글
1. 잔소리 폭탄 …… 42
   - '책임'의 의미를 생각하며 낱말 익히기
   - 자신의 생활과 비교하며 내용 파악하기
   - 주인공의 일상과 변화된 생활을 정리하고 인물이 되어 일기 쓰기
   - 책임감 있는 생활을 위한 다짐과 계획하기

기타 글
2. 책임감이 필요해 …… 54
   - 봉사 활동에 대해 알아보고 체험 수기의 구성 알기
   - 글을 읽고 내용 파악하고 자신의 봉사 활동 경험 떠올리기
   - 봉사 활동할 때의 예절을 생각하고 칭찬의 말 하기
   - 책임감 있는 태도에 대한 실천 의지 다지기

논술 주제
3. 어른들의 잔소리는 필요한가 …… 63
   - 시를 읽고 잔소리에 대한 생각 떠올리기
   - 책임에 대한 경험 떠올리고 논술 주제 생각하기
   - 자신의 생각을 정리하여 글쓰기 준비하기
   - 잔소리에 대해 주장하는 글 쓰고 동물 입장에서 생각하기

C 작은 힘도 모이면 큰 힘 | 협동

이야기 글   1. 마음을 모아요   74
- '협동'의 의미를 생각하며 낱말 익히기
- 친구를 돕는 방법을 생각하며 내용 파악하기
- 원인과 결과에 맞게 사건을 요약하고 뒷이야기 상상하기
- 칭찬하는 편지 쓰기와 협동을 주제로 만화 그리기

기타 글   2. 서로 힘을 합쳐요   85
- 일기를 쓰면 좋은 점과 일기의 구성에 대해 알기
- 협동을 다룬 일기를 읽고 내용 파악하기
- 협동을 하여 다른 사람을 도와준 경험 떠올려 일기 쓰기
- 협동화를 그리고 협동심을 기르는 전통 놀이에 대해 알아보기

논술 주제   3. 나에게 피해가 있더라도 협동해야 하는가   95
- 그림을 통해 협동에 대해 생각해 보고 협동 관련 속담 알아보기
- 사례를 통해 협동의 의미를 생각하고 자신의 입장 정하기
- 자신의 생각을 정리하여 글쓰기 준비하고 주장하는 글 쓰기
- 논술 주제와 관련하여 상황을 대하는 태도 생각하기

D 나라 사랑 큰 나무 | 애국

이야기 글   1. 백범 김구 기념관을 다녀와서   106
- '애국'의 의미를 생각하며 낱말 익히기
- 김구 선생님에 대해 알아보고 글 읽고 내용 파악하기
- 내용을 정리하고 인물의 성품 표현하기
- 나라를 위해 희생하신 분께 감사 편지 쓰고 나라 사랑 실천하기

기타 글   2. 나라를 사랑하는 마음   117
- 영화에 관한 배경지식을 익히고, 영화 감상문의 구성 알기
- '국제시장 영화 감상문'을 읽고 내용 파악하기
- 영화 '국제시장'을 보고 난 생각이나 느낌을 정리하고 영화 감상문 쓰기
- 애국과 관련된 영화를 알아보고 영화 소개 포스터 만들기

논술 주제   3. 친일파의 재산이라도 보호해야 하는가   126
- 을사오적에 대해 알아보고 친일파와 독립운동가의 삶에 대해 생각하기
- 사례를 통해 애국의 의미 생각하고 논술 주제 찾기
- 자신의 생각을 정리하여 글쓰기 준비하기
- 주장하는 글을 쓰고 독립 유공자의 처우에 대해 생각하기

A
나의 사랑, 부모님

효도는 부모님의 마음을 편안하고 기쁘게 해 드리는 것입니다. 효도는 옛날부터 전 세계적으로 중요하게 여겨져 왔으며, 모든 행동의 기본이 됩니다. 부모님 혹은 부모님처럼 나를 보살펴 주시는 분께 효도하는 것은 생활 속 작은 실천으로부터 시작됩니다.

A-1. 우주 최강의 가족

- **생각틔우기**
  '효도'의 의미를 생각하며 낱말 익히기
- **생각키우기**
  우리 집과 비교하며 내용 파악하기
- **생각피우기**
  내용을 정리하고 생각과 느낌 표현하기
- **생각퍼뜨리기**
  효도를 실천하기 위한 역할극 대본 만들기

A-2. 부모님께 드리는 상장

- **생각틔우기**
  칭찬하는 글의 특성을 알고 배경지식 익히기
- **생각키우기**
  '칭찬의 힘'을 다룬 글을 읽고 내용 파악하기
- **생각피우기**
  효도를 실천한 모습을 보고 칭찬하는 글 쓰기
- **생각퍼뜨리기**
  일상생활에서 칭찬 생활화하기

A-3. 늙으신 부모님을 모시고 살아야 하는가

- **생각틔우기**
  옛사람들에게서 배우는 효(孝)의 자세 알기
- **생각키우기**
  사례를 통해 진정한 효도의 의미를 생각하기
- **생각피우기**
  자신의 생각을 정리하여 글쓰기 준비하기
- **생각퍼뜨리기**
  주장하는 글을 쓰고 명언·그림으로 표현하기

A-1 우주 최강의 가족

공부한 날 _____ 년 _____ 월 _____ 일

공부할 문제 「우주 최강의 가족」을 읽고, 부모님에 대한 사랑을 실천하여 봅시다.

생각틔우기 • 9
'효도'의 의미를 생각하며 낱말 익히기

생각키우기 • 11
우리 집과 비교하며 내용 파악하기

생각피우기 • 15
내용을 정리하고 생각과 느낌 표현하기

생각퍼뜨리기 • 17
효도를 실천하기 위한 역할극 대본 만들기

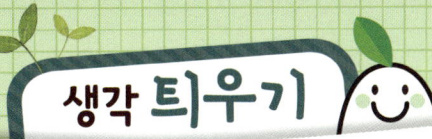

 **1** 다음은 '孝(효도 효)'라는 한자어가 어떻게 생겨났는지를 보여 주는 표입니다. 잘 살펴보고 물음에 답해 봅시다.

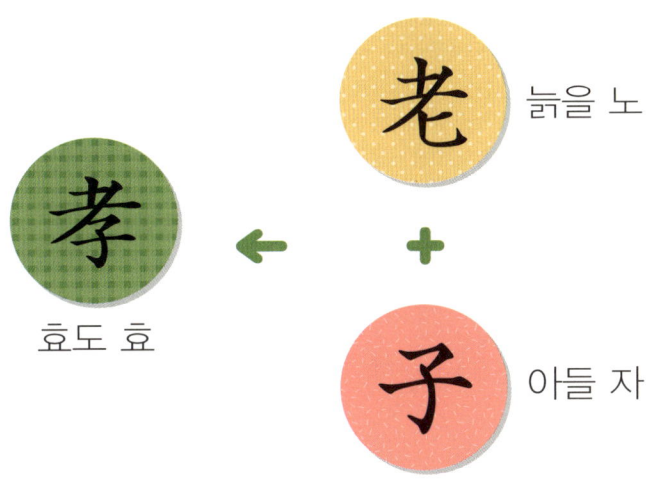

1 오른쪽 그림은 어떤 모습을 표현한 것인지 써 봅시다.

_____

2 국어사전을 이용해 '효도'의 뜻을 찾아 써 봅시다.

_____

2 다음은 부모님의 은혜를 노래한 곡들입니다. 노래가사를 책이나 인터넷 검색 등 다양한 방법으로 찾아보고 빈칸을 채워 그 의미를 마음속에 새겨 봅시다.

어머니 마음

낳실 제 괴로움 다 잊으시고 (　　　　　) 제 밤낮으로 애쓰는 마음
(　　　　　　　　　　) 갈아 뉘시며 손발이 다 닳도록 고생하시네
하늘 아래 그 무엇이 (　　　　) 하리오 (　　　　　　　)은 가이없어라

어머님 은혜

높고 높은 (　　　　　)이라 말들 하지만
나는 나는 (　　　　　) 또 하나 있지
낳으시고 기르시는 어머님 은혜
푸른 하늘 그보다도 (　　　　　) 것 같애

이런 말 이런 뜻
뉘시며: 눕게 하시며.
가이없어라: 끝이 없어라.

생각 틔우기

낱말 익히기

1 다음은 「우주 최강의 가족」에 나오는 낱말입니다. 보기 에서 찾아 빈칸에 알맞은 낱말을 써 봅시다.

보기
이따가, 주스, 출근, 편찮다, 풀풀

낱말 뜻: 일터로 근무하러 나가거나 나옴.

낱말 뜻: 과일이나 야채를 짜낸 즙.

낱말 뜻: 눈이나 먼지, 연기 따위가 몹시 흩날리는 모양.

낱말 뜻: 조금 지난 뒤에.

낱말 뜻: (웃어른이) 병을 앓고 있다.

2 다음 써 있는 자음자와 글자를 참고하여 빈칸에 알맞은 낱말을 써 봅시다.

| ㅅ | ㄱ | 럽 | 다 |

는 '싱싱하고 맑은 향기가 있다.' 또는 '그런 분위기가 있다.'라는 뜻입니다.

잘 모를 경우 뒤에 나올 「우주 최강의 가족」을 미리 읽어 보면서 알맞은 낱말을 찾아보세요.

| 생각 키우기 |

예측
하기

표지를 보면서 글의 내용이나 주제를 짐작해 볼 수 있습니다.

1️⃣ 이 그림은 「우주 최강의 가족」의 표지입니다. 표지 그림을 보고 다음 물음에 답해 봅시다.

1 그림은 어떤 장면을 표현하고 있는지 써 봅시다.

_____

2 그림 속 인물들의 표정을 관찰해 볼까요? 어떤 표정들을 하고 있는지 써 봅시다.

_____

3 그림 속 인물들을 보니 어떤 생각과 느낌이 드는지 자유롭게 써 봅시다.

_____

A 나의 사랑, 부모님

생각 키우기

우주 최강의 가족

김상규

아빠는 늘 일찍 출근합니다. 민주, 민찬이가 일어나기도 전에 벌써 아침을 드시고 출근할 때 입는 옷으로 갈아입지요. 어쩌다가 일찍 일어나는 아이하고 마주치면 안아 주기도 하고 뽀뽀도 하고 출근합니다.

"아빠, 갔다 올게."

하고는 문을 열고 손을 막 흔들다가 휙~~ 가 버리시죠.

"네, 아빠, 다녀오세요."

이렇게 대답하면 그 대답이 아빠 주머니에 쏘옥 들어가는 것 같아 기분이 좋답니다. 그리고 엄마는 또 부엌에서 이리저리 바쁘게 오갑니다. 아이들 아침을 준비하시죠.

"자, 얘들아, 아침 먹자."

엄마가 미역국과 계란찜, 김치, 김, 멸치조림으로 맛있는 아침을 준비해 주셨어요. 아까 아빠가 드셨던 아침상에 따뜻한 반찬들이 더해진 거죠.

"잘 먹겠습니다."

엄마도 같이 드십니다. 보통은 아침을 이렇게 두 번 나눠서 먹게 됩니다. 아빠가 일찍 나가시니까요. 아빠는 아침을 다 같이 먹고 싶어 하시지만, 그러면 아이들이 너무 일찍 일어나야 되고, 아침부터 하품하느라 정신이 없으니까요. 그래서 엄마는 귀찮아도 두 번 아침상을 차리신답니다.

> 우리 집에서 가족들이 생활하는 모습과 비교해 봅시다.

이런 말 이런 뜻
출근하다: 일터로 근무하러 나가거나 나오다.

내용 파악하기

1 왼쪽 그림에서 이 글에 나오는 가족 중 빠진 사람을 써 봅시다.

_____

2 오른쪽 그림 속 상황에서 아이들은 어떻게 하는 것이 좋을지 생각해 봅시다.

_____

"이따가 엄마가 아침 기차로 시골 할아버지 댁에 다녀와야 하니까 아빠랑 저녁 차려서 먹고 먼저 자. 알았지?"

"어? 엄마, 시골 가?"

"응, 할아버지께서 편찮으신데, 오늘은 아무래도 엄마가 같이 있어 드려야 할 것 같아. 할머니도 많이 힘들어하셔서······."

엄마가 살짝 슬퍼 보였어요. 민주, 민찬이는 엄마가 걱정하는 게 싫지요.

"걱정 마, 엄마. 우주 최강의 민주, 민찬! 우리가 있잖아."

민주와 민찬이는 쌍둥이죠. 마음이 착착 맞는 우주 최강의 쌍둥이요. 게다가 오늘은 재량 휴업일이라 학교에 안 가도 되지요.

엄마가 설거지하고 식탁을 치우는 동안, 민주, 민찬이는 자기 방을 정리했습니다. 엄마가 오늘은 바쁠 테니까요.

"민주야, 네 이불 정리해. 난 내 거 할게."

"알았어."

먼지가 풀풀 날릴 수 있으니까 창문도 열었습니다. 이른 아침의 맑은 공기가 창밖에서 집 안으로 '쏴아' 하는 바람 소리와 함께 들어왔습니다. 방 안은 금세 반짝반짝 싱그러운 아침이 되었습니다.

"엄마, 갔다 올게. 이것저것 메모지에 적어서 냉장고에 붙여 놨으니 이따가 그거 봐."

두 아이는 현관까지 엄마를 배웅했습니다.

"엄마, 잘 다녀오세요."

"그래, 엄마 갔다 올게."

엄마가 막 돌아 나가는데,

"엄마, 뽀뽀."

엄마가 활짝 웃으며 민주, 민찬이 볼에 뽀뽀해 줍니다. 민주, 민찬이도 엄마 볼에 뽀뽀합니다.

"다녀오세요."

엄마가 손을 흔들고 문 뒤로 사라졌습니다. 민주와 민찬이가 서로를 쳐다봅니다.

이런 말 이런 뜻
이따가: 조금 지난 뒤에.
편찮다: (웃어른이) 병을 앓고 있다.
풀풀: 눈이나 먼지, 연기 따위가 몹시 흩날리는 모양.
싱그럽다: 싱싱하고 맑은 향기가 있다. 또는 그런 분위기가 있다.

---

3 엄마가 시골 할아버지 댁에 가시는 까닭이 무엇인지 써 봅시다.

4 엄마가 나가신 뒤 민주, 민찬이가 서로를 쳐다보며 어떤 생각을 하였을지 상상해 봅시다.

생각 키우기

> 엄마가 안 계실 때 엄마를 도울 수 있는 집안일에는 어떤 것이 있는지 생각해 봅시다.

"우당탕!"

민주는 텔레비전을 켭니다.

"우당탕 퉁탕!"

민찬이는 조그만 게임기를 켭니다.

얼마나 지났는지도 모르겠어요. 한참 시간이 지납니다.

"민주야, 배고프지?"

"응, 배고파. 형은?"

"나도 그래."

민찬이가 게임기를 껐습니다.

"에이, 엄마가 있으면 지금 점심을 차려 주셨을 텐데……."

민찬이는 그냥 엄마가 있으면 좋겠다고 생각합니다.

"아참, 엄마가 아까 메모지 붙여 놨다고 했지?"

민주가 냉장고에 가 보았습니다. 문 위쪽에 붙어 있네요.

우리 민주, 민찬아.

냉장고에 어제 아빠가 사 오신 주스가 있단다. 밥통에는 엄마가 주먹밥 만들어 넣어 두었으니 점심에 꺼내 먹도록 해. 저녁은 아빠가 일찍 오신다고 했으니까 아빠랑 먹으면 되고.

혹시 게임만 하거나 텔레비전을 계속 보는 건 아니겠지? 숙제는 했을까?

엄마 잘 다녀올게.

우주 최강 민주, 민찬이 엄마가

이런 말 이런 뜻
주스: 과일이나 야채를 짜낸 즙.

맞아요. 아빠는 일하러 가셔서 집에 안 계신 시간이 많지만, 아이들 먹을 것을 잘 챙겨 주시죠. 엄마는 늘 같이 있는 것 같고요. 민주도 민찬이도 항상 그렇게 생각한답니다. 우리는 늘 함께 있지 않아도 항상 가족이죠. 서로를 아끼고 사랑하는 우주 최강의 가족이요.

5 엄마가 나가시자 민주, 민찬이는 무엇을 했는지 써 봅시다.

---

6 민주, 민찬이는 무엇을 보고 가족의 소중함을 생각하게 되었는지 써 봅시다.

생각 피우기

내용 정리하기

1 이 글 다음에 이어질 내용을 상상해 봅시다. 그리고 이 글 전체의 줄거리가 바르게 되도록 순서대로 기호를 써 봅시다.

> (가) 아빠가 일찍 아침을 드시고 출근을 하셨다.
>
> (나) 저녁에 아빠가 오셔서 민주, 민찬이는 아빠와 저녁을 준비해서 맛있게 먹고 엄마를 기다렸다.
>
> (다) 엄마가 민주, 민찬이에게 시골 할아버지 댁에 가야 하는 이유를 설명하시고 시골 할아버지 댁으로 가셨다.
>
> (라) 배가 고파 엄마가 준비해 놓으신 주먹밥으로 점심을 맛있게 먹었다. 그리고 아빠가 사다 놓으신 주스도 마셨다.
>
> (마) 점심을 먹은 그릇을 치우고, 오전에 텔레비전을 보고 게임기를 가지고 놀면서 어지럽힌 집을 정리하고 숙제를 하였다.

이야기나 희곡 등을 읽을 때 앞으로 일어날 사건을 짐작해 보는 일도 재미있답니다. 앞에 읽은 글과 연결해서 짐작해 봅시다.

(가) → (　　　) → (　　　) → (　　　) → (　　　)

2 다음 그림을 보고 물음에 답해 봅시다.

1 그림 가 처럼 되어 있으면 엄마가 무엇이라고 말할지 써 봅시다.

_____

2 그림 나 처럼 되어 있으면 엄마가 무엇이라고 말할지 써 봅시다.

_____

A 나의 사랑, 부모님

생각 피우기

1 글쓴이가 「우주 최강의 가족」이란 제목을 붙인 까닭이 무엇일지 자신의 생각을 써 봅시다.

_____

_____

> 꼭 부모님이 아니더라도 우리 집에서 나를 보살펴 주시는 분을 생각해 봅시다.

2 다음 표는 이 이야기 속의 엄마가 민주, 민찬이에게 당부한 말을 정리한 것입니다. 잘 살펴보고 부모님이나 어른들께서 자신에게 원하시는 것을 생각하여 빈칸에 써 봅시다.

때	민주, 민찬이 엄마	때	우리 _____
점심	밥통 속의 주먹밥을 먹으렴.		
쉴 때	놀지만 말고 숙제도 하렴.		
저녁	아빠와 저녁을 먹으렴.		

3 화목한 가정을 만들기 위하여 우리가 부모님을 위해 할 수 있는 일을 생각해 봅시다. 그리고 우주 최강의 가족을 유지하기 위해 민주, 민찬이가 해야 할 일을 알려 주는 쪽지를 완성해 봅시다.

민주, 민찬이에게

너희들이 엄마가 남기신 쪽지를 보고 가족의 소중함을 느끼게 되어 참 다행이야. 앞으로 우주 최강의 가족을 유지하기 위해서는 _____

_____

_____ 좋겠어.

1 우리 집에서 다음과 같은 집안일을 하는 사람은 누구인지 써 봅시다. 그리고 아래 빈칸에는 우리 집에서 해야 하는 집안일을 더 쓰고, 누가 그 일을 하는지 써 봅시다.

〈우리 집에서 집안일 하는 사람〉

집안일	하는 사람	집안일	하는 사람
식탁 차리기		청소기 돌리기	
음식 만들기		재활용 쓰레기 분리 배출하기	
설거지		욕실 청소하기	
빨래 개기		화분에 물 주기	

2 1의 표를 보고 다음 그래프를 완성해 봅시다. 우리 가족 구성원을 쓰고 각자가 하는 집안일의 개수만큼 ○를 쌓아 올려 봅시다.

그림 그래프로 표현하면서 주로 집안일을 하는 사람이 누구인지 생각해 봅시다.

하는 일						
우리 가족	나					

Ⓐ 나의 사랑, 부모님

생각 퍼뜨리기

창의성

3 17쪽의 **2**에서 완성한 그래프를 보면서 자신이 부모님을 위해 할 수 있는 일을 찾고, 다짐도 함께 써 봅시다.

내가 할 수 있는 일	
나의 다짐	

> 집안일을 하는 사람은 가족의 형태에 따라 다양할 수 있습니다. 그러나 어느 한 사람이 모두 해야 하는 것은 아님을 알고 서로 도우려는 태도를 갖도록 노력합시다.

4 「우주 최강의 가족」에서 엄마가 당부하고 싶은 말을 민주, 민찬이에게 메모지로 남겼습니다. 자신이 엄마라면 어떤 말을 남겼을지 그 까닭과 함께 써 봅시다.

_____
_____
_____

5 여러분도 자라면 부모님이 되겠지요? 여러분의 자녀들이 어떤 모습을 갖게 되기를 바라는지 생각하여 미래의 자녀에게 기분 좋은 부탁 편지를 써 봅시다.

나의 사랑하는 _____ 에게

_____
_____
_____
_____

1 '부모님께 효도하는 돼지 삼 형제'라는 주제로 역할극을 하려고 합니다. 다음 역할극 대본을 완성하여 봅시다.

배경	때: _____ 장소: _____
상황	돼지 삼 형제가 어버이날을 맞이하여 부모님을 기쁘게 해 드리기 위한 준비에 한창임.
등장인물	역할극 대사
	얘들아, 이제 며칠 있으면 어버이날이잖니? 우리, 부모님을 기쁘게 해 드리기 위해 어떻게 하면 좋을지 머리 좀 맞대고 상의해 볼까?
	그러게. 요즈음 부모님이 많이 피곤해 보이셔서 걱정이었는데, 좋은 생각들 좀 내 보자. 막내야, 네 생각은 어때?
	아빠께서 회사 일이 많이 바쁘셔서 더 힘들어하시는 거 같아. 아빠를 위로해 드릴 수 있는 이벤트를 하면 좋겠어.
	엄마도 매일매일 집안일로 힘드시니 _____ _____
	그거 좋은 생각이네. 그리고 부모님과 대화할 때에도 _____ _____ 좋은 효도 방법이지.
	이번 어버이날에는 _____ _____ 어떨까?
	그래, 그러자! 부모님이 좋아하시겠다. 우리 막내가 좋은 생각을 했네.

부모님을 도와 화목한 가정을 만들 수 있는 구체적인 일들이 역할극 대본에 나오도록 해 봅시다.

아빠의 사랑을 느낄 수 있는 책을 소개합니다.

글 샘 맥브래트니
그림 아니타 제람
/ 베틀북

A-2 부모님께 드리는 상장

공부한 날 _____ 년 _____ 월 _____ 일

공부할 문제 '칭찬하는 글'의 특징을 알고, 부모님께 드리는 상장을 만들어 봅시다.

생각틔우기 • 21
칭찬하는 글의 특성을 알고 배경지식 익히기

생각키우기 • 23
'칭찬의 힘'을 다룬 글을 읽고 내용 파악하기

생각피우기 • 25
효도를 실천한 모습을 보고 칭찬하는 글 쓰기

생각퍼뜨리기 • 26
일상생활에서 칭찬 생활화하기

칭찬하는 말을 들었을 때 여러분은 어떤 표정을 짓나요?

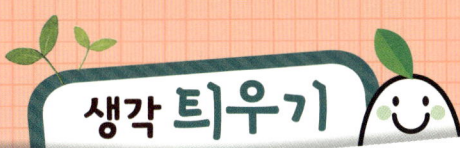

1 다음 빈칸에 공통으로 들어갈 알맞은 낱말은 무엇인지 써 봅시다.

◆ ☐☐은 좋은 점이나 착하고 훌륭한 일을 높이 평가하는 말을 뜻한다. (국어사전)

◆ ☐☐은 고래도 춤추게 한다. (책 제목)

◆ 큰 소리로 ☐☐하고 작은 소리로 비난하라. (러시아 격언)

◆ ☐☐받을 만한 사람이 ☐☐받는 것은 더없이 큰 행복이다. (필립 시드니 경)

◆ ☐☐은 우리에게 가장 좋은 식사이다. (스미드 홀런드 여사)

☐☐

2 누군가에게 칭찬을 받았거나 누군가를 칭찬해 주었던 경험을 떠올려 봅시다. 그리고 그때의 기분이 어떠하였는지 써 봅시다.

구분	칭찬 내용	그때의 기분
칭찬 받았어요		
칭찬해 주었어요		

3 다음 보기 와 같이 '칭찬'이 자신에게 어떤 의미일지 생각하여 빈 곳에 알맞은 말을 써 봅시다.

보기
칭찬은 씨앗입니다. 왜냐하면 사랑 꽃으로 자랄 수 있기 때문입니다.

칭찬은 ( )입니다. 왜냐하면 _____

_____ 때문입니다.

A 나의 사랑, 부모님

4. 다음 만화를 읽고, 내용에 어울리게 빈칸에 알맞은 낱말을 써 봅시다.

> 칭찬은 주변 사람을 기쁘게 하고 자신에게도 그 기쁨이 돌아옵니다.

5. 칭찬을 하면 좋은 점에 맞게 보기에서 찾아 빈칸에 알맞은 말을 써 봅시다.

보기

장점, 좋아집니다, 노력, 자신감

서로에게 관심을 가지고 ☐☐ 을 찾아보게 됩니다.

칭찬을 주고받으면 서로 기분이 ☐☐☐☐ .

☐☐ 이 생겨서 더 열심히 ☐☐ 하게 됩니다.

생각 키우기

 **내용 파악하기**

1 다음 가, 나에서 칭찬하는 말을 찾아 밑줄 그어 봅시다. 그리고 가족 간에 하는 '칭찬'의 중요성에 대해 생각해 봅시다.

훌륭한 일을 하도록 뒤에서 칭찬해 주고 격려해 준 사람은 누구인지 살펴봅시다.

가 자동차 왕, 헨리 포드 이야기

미국의 한 전등 회사에 근무하는 젊은 기사가 있었습니다. 그는 하루 10시간씩 직장에서 일하고 집에 오면 지하실에서 무언가를 만드느라 밤을 지새우곤 했지요. 주변 사람들은 그가 허송세월을 하고 있다며 손가락질을 하고 있을 때, 오직 그의 아내만은 이렇게 말했습니다.

"여보, 당신은 꼭 성공할 거예요. 난 당신을 믿어요. 언젠가는 꿈을 이룰 거예요."

아내의 응원 덕분에 그는 마침내 자동차를 발명해 냈고 사람들은 그를 '자동차 왕, 헨리 포드'라고 부르게 되었습니다.

어느 날, 한 기자가 헨리 포드에게 물었습니다.

"당신은 다시 태어나면 무엇이 되고 싶은가요?"

그러자 헨리 포드가 이렇게 대답했답니다.

"내 아내와 함께라면 무엇으로 태어나든 상관없소."

칭찬의 힘을 느끼게 하는 유명한 이야기입니다.

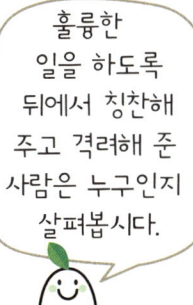
헨리 포드

나 천재 물리학자, 알버트 아인슈타인 이야기

알버트 아인슈타인은 우리 모두가 인정하는 20세기 최고의 천재 중 한 사람이지요? 그러나 그의 학창 시절을 보면 그는 결코 천재가 될 만한 사람이 아니었습니다. 아인슈타인의 고등학교 생활기록부에는 다음과 같은 기록이 적혀 있으니까요.

"이 학생은 어떤 공부를 해도 성공할 가능성이 없습니다."

이러한 내용이 적힌 성적표를 받아든 아인슈타인의 어머니는 실망하는 아들을 달래며,

"아들아, 너는 다른 아이와 다르단다. 네가 다른 아이와 같다면 너는 결코 천재가 될 수 없어."라고 격려하였습니다.

아인슈타인의 주변 사람들은 그의 능력을 알아보지 못했지만, 그의 어머니는 아들의 가능성을 믿었고, 미래를 보았던 것입니다. 이러한 어머니의 격려 덕분에 다시 힘을 얻은 아인슈타인은 열심히 공부하여 자기에게 주어진 재능을 발휘할 수 있었고, 오늘날까지 모두가 인정하는 천재가 되었습니다.

알버트 아인슈타인

이런 말 이런 뜻
허송세월: 하는 일 없이 세월만 헛되이 보냄.
격려: 용기나 의욕이 솟아나도록 북돋워 줌.

Ⓐ 나의 사랑, 부모님 **23**

생각 키우기

2 23쪽의 글 가, 나를 읽고 물음에 답해 봅시다.

1 글 가에서 헨리 포드가 꿈을 포기하지 않고 자동차를 만들어 낼 수 있었던 까닭은 무엇인지 써 봅시다.

_____

2 글 나에서 성적표를 받아본 아인슈타인의 어머니는 어떻게 하였는지 써 봅시다.

_____

3 글 가와 나를 읽고 느낀 점을 자유롭게 써 봅시다.

_____

4 다음 보기는 칭찬하는 말하기를 위하여 내용을 정리한 것입니다. 보기처럼 빈칸에 알맞은 말을 넣어 표를 완성해 봅시다.

보기

칭찬하는 대상	헨리 포드의 아내
칭찬하는 말	다른 사람들이 헨리 포드를 손가락질할 때, 남편이 꼭 성공할 것이라고 믿고 응원해 주고 용기를 준 것이 대단하다고 생각해요.
칭찬하는 까닭	부인의 믿음 때문에 헨리 포드가 자동차를 처음 만들어 낼 수 있었어요.

칭찬하는 말하기

칭찬하는 대상	
칭찬하는 말	
칭찬하는 까닭	

칭찬하는 대상, 말, 까닭이 들어가게 하여 칭찬하는 말하기를 해 봅시다.

생각 피우기

1 다음 친구들은 부모님께 효도하는 생활을 실천하고 있습니다. 어떤 방법으로 효도를 하고 있는지 생각해 보고 «보기»와 같이 칭찬하는 글을 써 봅시다. 그리고 **4**의 빈 칸에는 여러분이 부모님을 위해 한 일을 그림으로 표현하고, 스스로 칭찬하는 글을 써 봅시다.

보기

동생의 수학 공부를 도와주는 성은이

➡ 바쁜 부모님 대신 동생을 돌보아 주고 공부를 가르쳐 주었기 때문에 성은이를 칭찬합니다.

1

김장하시는 어머니를 돕는 연실이

➡ _____

2

어항의 물을 갈아 주는 주영이

➡ _____

3

자기 방 청소를 하는 진석이

➡ _____

4

➡ _____

> 칭찬하는 글에는 칭찬하는 대상, 칭찬하는 말, 칭찬하는 까닭이 들어가야 합니다.

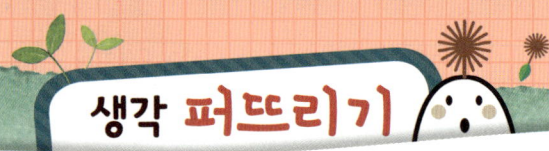

1 칭찬은 누구에게나 큰 힘이 됩니다. 부모님께서 여러분의 칭찬을 받으신다면 어떤 기분이 드실지 생각해 봅시다.

_____

2 부모님께 감사하게 여기거나 칭찬해 드리고 싶은 일을 떠올려 보고 다음 빈칸에 들어갈 말을 정리해 봅시다.

칭찬하는 대상	
칭찬하는 말	
칭찬하는 까닭	

3 2에서 정리한 내용을 바탕으로 다음 상장에 부모님을 칭찬하는 글을 써 봅시다.

1 부모님을 포함한 집안 어른께 여러분을 위한 칭찬 쪽지를 부탁드려 봅시다.

2 칭찬 쪽지를 써 주신 부모님이나 집안 어른께 감사의 의미로 드리고 싶은 선물을 그림으로 그리고 그 선물을 드리고 싶은 까닭을 담아 감사의 답장을 써 보고, 친구와 이야기를 나누어 봅시다.

A 나의 사랑, 부모님

A-3 늙으신 부모님을 모시고 살아야 하는가

공부한 날 _____ 년 _____ 월 _____ 일

공부할 문제 '늙으신 부모님을 모시고 살아야 하는가'에 대한 자신의 의견을 주장하여 봅시다.

생각틔우기 • 29
옛사람들에게서 배우는 효(孝)의 자세 알기

생각키우기 • 32
사례를 통해 진정한 효도의 의미를 생각하기

생각피우기 • 36
자신의 생각을 정리하여 글쓰기 준비하기

생각퍼뜨리기 • 38
주장하는 글을 쓰고 명언·그림으로 표현하기

 **생각 틔우기**

1 만화를 보며 '반포지효(反哺之孝)'의 의미를 알아봅시다.

■ '반포지효'의 뜻에 맞게 빈칸에 알맞은 말을 보기에서 골라 써 봅시다.

反	哺	之	孝
돌이킬 반	머금을 포	갈 지	효도 효

➡ '반포지효'는 ☐☐ 를 향한 자식의 지극한 ☐☐ 을 뜻합니다.

• 보기 •
선생, 부모, 효성, 희생

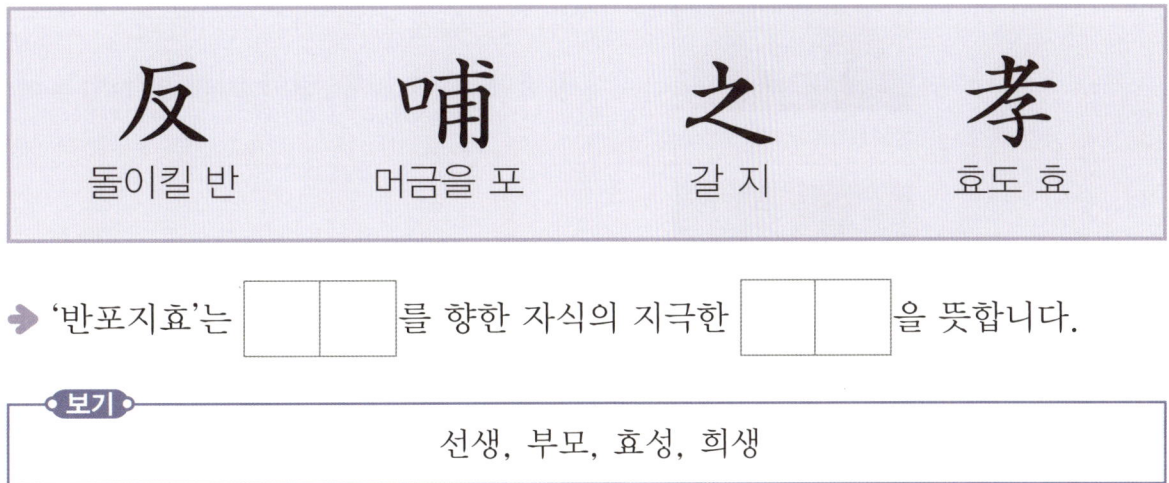

까마귀는 새끼가 깨면 60일 동안 먹이를 물어다가 먹이는데, 그 까마귀가 다 자라나면 먹이 사냥에 힘이 부친 어미에게 먹이를 물어다 주어, 길러 준 은혜에 보답한다는 데서 유래한 말이랍니다.

2 다음은 효도에 대한 훌륭한 글귀들입니다. 보기에서 찾아 빈칸에 알맞은 말을 쓰고 그 의미를 알아봅시다.

공자	삼천 가지 죄가 있다. 그중에 [　　]의 죄가 가장 크다.
강태공	내가 어버이에게 효도하면 [　　]이 또한 나에게 효도하니 내가 이미 어버이에게 효도하지 않았다면 [　　]이 어찌 나에게 효도를 하겠는가?
정철(한국학중앙연구원 제공)	[　　] 살아실 제 섬기기를 다하여라 지나간 후에 애달프다 어이하리 평생에 고쳐 못할 일이 이뿐인가 하노라
효경(경기도박물관 제공)	사람의 행위 가운데 [　　]보다 큰 것이 없다.

• 보기 •

효도, 자식, 어버이, 불효

이런 말 이런 뜻
어버이: 아버지와 어머니를 아울러 이르는 말.
불효: 어버이를 효성스럽게 잘 섬기지 아니하여 자식 된 도리를 하지 못함.

3 이외에 효도와 관련된 글귀나 속담들을 더 찾아 써 봅시다.

4 자신의 효도 지수를 평가하여 해당되는 점수에 ○해 봅시다.

평가 항목	그렇다	보통이다	아니다
부모님께서 베푸시는 작은 고마움에도 감사의 말씀을 드린다.	5	4	3
부모님께서 피곤해 보이면 어깨를 주물러 드린다.	5	4	3
부모님께서 심부름을 시키시면 즐거운 마음으로 한다.	5	4	3
자기 방 정리정돈은 스스로 한다.	5	4	3
중요한 일은 부모님과 함께 의논하여 결정한다.	5	4	3
부모님께 거짓말을 하지 않는다.	5	4	3
부모님께서 외출하실 때나 돌아오셨을 때에 인사를 드린다.	5	4	3
부모님께서 묻는 말씀에 짜증 내지 않고 차근차근 똑똑하게 대답한다.	5	4	3

35점 이상	훌륭한 효자, 효녀!
25~35점 미만	괜찮은 아들, 딸!
25점 미만	더 많은 노력 필요!

총점:

5 다음은 신사임당이 결혼 후 친정에서 지내다가 남편을 따라 서울로 가면서 점점 멀어져 가는 고향 마을을 돌아보며 지은 시입니다. 어떤 마음이 느껴지는지 생각하며 낭송해 봅시다.

> 늙으신 어머님을 고향에 두고
> 외로이 한성으로 가는 이 마음
> 돌아보니 북평촌은 아득도 한데
> 흰 구름만 저문 산을 날아 내리네

이런 말 이런 뜻
북평촌: 강릉에 있는 신사임당 고향 마을 이름.

■ 이 시를 짓는 신사임당은 어떤 마음이었을지 써 봅시다.

생각 키우기

문제 알기

1 다음 이야기는 '할미꽃'에 관해 전해져 내려오는 전설입니다. 어떤 내용인지 알아보고 물음에 답해 봅시다.

> 옛날 어느 산골에 할머니 한 분이 어린 손녀 세 명을 키우며 살고 있었어요. 손녀들이 시집갈 나이가 되자 할머니는 집과 땅을 팔아 첫째는 돈 많은 부자에게, 둘째는 똑똑한 선비에게 시집을 보내고 낡은 초가집에서 막내 손녀와 지냈어요. 어느덧 셋째도 시집갈 나이가 되었어요. 가진 것이 없는 할머니는 가난하지만 마음이 고운 총각에게 셋째를 시집보냈답니다.
>
> 홀로 남은 할머니는 외로움에 하루가 다르게 늙어 갔지요.
>
> '죽기 전에 우리 손녀들 얼굴이나 한번 봐야지.'
>
> 추운 겨울날, 할머니는 지팡이에 몸을 의지해 고개를 넘어 세 손녀를 만나러 길을 떠났어요. 차가운 바람을 맞으며 첫째 손녀 집에 도착하니 늙고 초라한 할머니가 못마땅했던 손녀는 대문을 열어 주지 않았답니다. 둘째 손녀도 서방님 공부에 방해가 된다면서 반가워하지 않았고요. 할머니는 온 힘이 빠지는 듯 서운했지만 정이 많은 셋째 손녀를 떠올리며 다시 고개를 넘었답니다.
>
> 그날 밤, 할머니가 꿈에 보인 셋째 손녀가 산마루에 올라보니 눈 속에 차디차게 쓰러져 계신 할머니가 보이는 것이 아니겠어요? 슬픔에 빠져 엉엉 울던 셋째는 햇볕이 잘 드는 언덕에 할머니를 묻어 드렸어요.
>
> 그 다음 해 봄부터 할머니의 무덤가에는 하얀 머리와 꼬부라진 허리를 생각나게 하는 꽃이 피었는데, 사람들은 그 꽃을 '할미꽃'이라 불렀답니다.

할미꽃

1 어린 세 자매는 누구의 보살핌으로 자라났는지 써 봅시다.

_____

이런 말 이런 뜻
손녀: 아들의 딸. 또는 딸의 딸.
서방님: 남편의 높임말.
산마루: 산등성이의 가장 높은 곳.

2 할머니께서 돌아가셨다는 소식을 듣고, 첫째와 둘째 손녀는 어떤 생각을 하였을지 써 봅시다.

_____

_____

2 다음 두 사례를 읽고 생각해 볼 수 있는 논술 주제를 떠올려 써 봅시다.

가 박순영 씨는 얼마 전부터 오빠네 부부랑 사이가 좋지 않다. 혼자 사시던 친정어머니께서 갑자기 쓰러져서 병원 응급실에 실려 가신 뒤부터이다. 그동안은 가깝게 살던 순영 씨가 어머니를 돌봐 드렸는데 이제 어머니를 혼자 사시게 할 수 없다는 생각으로 오빠 부부에게 모시기를 부탁했으나 거절당하고 친정어머니는 노인 요양원으로 들어가시게 되었다.
"오빠한테 참 서운해요. 엄마가 오빠를 위해 얼마나 희생했는데……. 저도 일을 해야 할 형편이라 엄마를 모실 수 없으니 어찌해야 할지 모르겠어요."
순영 씨는 어머니를 요양원으로 모시고 가던 날, 자신의 손을 꼭 잡고 두려워하시던 눈빛을 잊을 수 없다며 눈물을 흘렸다.

나 김수훈 씨는 육 남매의 아버지이다. 부인이 병으로 일찍 죽어 육 남매를 혼자 키워 왔고, 오 남매를 결혼시켜 얼마 전부터 막내아들과 단둘이 살고 있다. 아이들 키우느라 비린내 나는 앞치마를 두르고 낡은 생선 가게를 지키다 보니 어느새 꼬부랑 할아버지가 되었다. 그래도 막내아들 뒷바라지 때문에 힘들게 버티고 있었는데 얼마 전에 직장을 구하더니 사귀던 아가씨와 결혼도 한다고 해서 한시름 놓았다.
"이제 며느리가 해 주는 밥 먹으며 편하게 지내세요."
시장 상인들이 축하해 주니 절로 웃음이 나왔다.
그런데 얼마 전 막내아들이 갑자기 결혼을 안 한다고 했다. 아가씨가 시아버지를 모시기 어렵다고 해서 헤어졌다는 것이다. 괴로워하는 아들을 보니 아버지로서 짐이 되는 것 같고 모시겠다고 선뜻 나서는 다른 자식이 아무도 없어 서글프기만 하다.

이런 말 이런 뜻
노인 요양원: 노인들을 수용하여 요양할 수 있도록 시설을 갖추어 놓은 보건 기관.
한시름: 마음에 걸려 풀리지 않고 항상 남아 있는 큰 근심과 걱정.
선뜻: 동작이 빠르고 시원스러운 모양.

3 여러분이 어른이 되면 부모님은 늙으시겠죠? 더 많은 시간이 흐르면 여러분도 늙게 될 것입니다. 2의 두 사례에서 어떤 결정을 내려야 할지 친구들과 자유롭게 의견을 나누어 봅시다.

1 다음 자료를 살펴보며 고령자 가구의 변화 추세를 살펴본 후, 알맞은 말에 ◯하고 빈칸에 알맞은 숫자나 말을 써 봅시다.

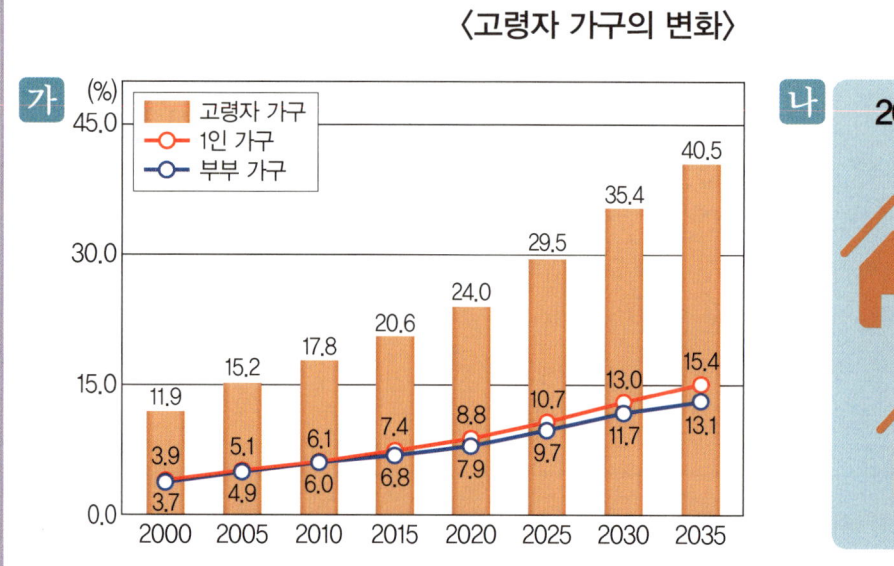

❖ 통계청이 제공한 자료에 따르면 2015년의 고령자(65세 이상) 가구 수가 전체의 20.6%를 차지하였으며, 2035년에는 40.5%까지 증가할 것으로 예상됩니다.

통계청은 어떤 현상을 한눈에 알아볼 수 있게 자료를 정리하여 제공하는 행정 기관입니다.

1 **가** 의 그래프에서 보면, 2010년 이후부터는 고령자 가구 중 1인 가구의 비중이 부부 가구보다 더 (높게, 낮게) 나타납니다.

20.6%는 100명 중 21명 정도를 의미해요.

2 **나** 의 그림 그래프를 보면, 2015년에는 전체 5가구 중 ☐ 가구 정도가 고령자 가구입니다.

이런 말 이런 뜻
고령자: 나이가 썩 많은 늙은 사람.
가구: 집안 식구.

3 요즈음 늘어나는 노인 인구로 인해 발생하는 문제점들이 많이 있습니다. 노인 분들이 홀로 힘든 삶을 살다가 세상을 떠나는 일도 늘어나고 있어, 이를 막기 위한 정부의 노력과 이웃에게 ☐☐ 을 기울이는 우리의 자세가 필요합니다.

2 다음 두 사람의 대화를 읽어 봅시다.

여보, 어머니는 우리를 위해 지금까지 힘들게 고생만 하셨어. 우리 아이들도 다 키워 주셨잖아. 그런데 이제 아이들이 다 컸다고 저렇게 외로워하시는 데도 시골집에 혼자 계시게 하고 우리만 올라가는 건 정말 못할 일인 것 같아. 어머니의 남은 여생, 내가 모시며 효도하고 싶어. 우리가 좀 힘들기는 하겠지만 다시 모시고 살면 안 될까?

어머니가 우리를 위해 희생하신 건 알아요. 하지만 그동안 어머니랑 같은 집에 살며 늘 함께 지내는 것이 힘들었어요. 이제 나는 다른 가정처럼 당신과 우리 아이들하고만 살아 보고 싶어요. 어머니도 고향에 계시면 친구 분들도 많으시고 오히려 덜 심심하실 거예요. 이렇게 주말에 가끔씩 찾아가면 오히려 더 잘해 드리고 싶은 마음이 생길 것 같아요. 그냥 우리끼리 사는 게 더 좋지 않을까요?

이런 말 이런 뜻
여생: 앞으로 남은 인생.

- 두 사람은 서로 반대되는 의견을 가지고 있습니다. 각각 어떤 입장인지 빈칸에 알맞은 말을 써 봅시다.

아들의 입장과 며느리의 입장을 통해 문제 상황을 생각해 봅시다.

[ ]를 외롭지 않게 모시고 사는 것이 진정한 효도가 아닐까? — 아들

불편한 마음을 감추고 꼭 한집에 [ ] 사는 것이 진정한 효도일까? — 며느리

생각 피우기

1 35쪽의 아들과 며느리의 대화를 읽고 여러분은 어떻게 생각하나요? 다음 중 동의하는 사람에 ○하고 그 까닭을 써 봅시다.

저는 (　,　)의 의견에 동의합니다.

왜냐하면 _____

_____

2 다음 상황에 대해 좋은 점과 좋지 않은 점을 각각 정리해 봅시다.

상황	좋은 점	좋지 않은 점
늙으신 부모님을 모시고 산다		
늙으신 부모님을 모시고 살지 않는다		

3 1, 2의 표에서 정리한 내용을 바탕으로 하여 자신의 입장을 정하고 그렇게 생각한 까닭을 써 봅시다.

- 자신의 입장: _____
- 그렇게 생각한 까닭: _____

_____

이런 말 이런 뜻
동의: 의사나 의견을 같이함.

1 33~36쪽에서 생각해 본 내용을 통해 주장하는 글을 쓰려고 합니다. 주제에 알맞은 제목을 써 보고 자신의 생각을 간단하게 정리해 봅시다.

주제	늙으신 부모님을 모시고 살아야 하는가
제목	

개요는 글의 목적과 주제에 맞게 글을 설계하는 것입니다.

처음 글을 쓰게 된 동기, 자신의 주장과 관련된 속담, 이야기 등으로 정리하기

가운데 자신의 주장과 주장을 뒷받침할 수 있는 근거를 분명하게 정하여 정리하기

자신의 주장과 근거를 분명하게 표현하여 봅시다.

주장	
근거	

끝 처음과 연관 짓거나 자신의 주장을 요약하여 정리하기

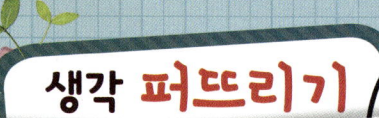

1 37쪽에서 정리한 내용을 바탕으로 '늙으신 부모님을 모시고 살아야 하는가'에 대해 주장하는 글을 써 봅시다.

제목 < >

처음

가운데

끝

주장하는 글의 구성을 생각하며 자신의 생각이 잘 표현되었는지 다듬어 봅시다.

1 다음 보기 처럼 어울리는 글이나 그림을 넣어 봅시다.

보기

부모님이 우리의 어린 시절을
꾸며 주셨으니
우리는 부모님의 **말년**을
아름답게 꾸며 드려야 한다.
- 생떽쥐베리 -

1 글에 어울리는 그림을 그려 봅시다.

> 내가 성공을 했다면,
> 오직 천사와 같은 어머니의 덕이다.
> - 아브라함 링컨-

평상시에 생각했거나 조사하여 알게 된 좋은 글귀를 넣어도 되고 직접 지어도 됩니다.

2 그림에 어울리는 효도에 관한 명언을 써 봅시다.

이런 말 이런 뜻
말년: 일생의 마지막 무렵.

Ⓐ 나의 사랑, 부모님

B
내 생활의 주인은 나

책임감은 어떤 일에 관련되어 그 결과를 받아들이는 태도와 그 일을 완수해 내려는 마음가짐입니다. 도덕적인 사람은 자신의 말과 행동에 책임을 지는 것 속에서 도덕성을 실천합니다. 책임의 범위는 자신과의 약속을 지키는 것에서 출발하여 친구와 가족으로 점점 넓혀 가야 합니다.

B-1. 잔소리 폭탄

- **생각틔우기**
  '책임'의 의미를 생각하며 낱말 익히기
- **생각키우기**
  자신의 생활과 비교하며 내용 파악하기
- **생각피우기**
  주인공의 일상과 변화된 생활을 정리하고 인물이 되어 일기 쓰기
- **생각퍼뜨리기**
  책임감 있는 생활을 위한 다짐과 계획하기

B-2. 책임감이 필요해

- **생각틔우기**
  봉사 활동에 대해 알아보고 체험 수기의 구성 알기
- **생각키우기**
  글을 읽고 내용 파악하고 자신의 봉사 활동 경험 떠올리기
- **생각피우기**
  봉사 활동할 때의 예절을 생각하고 칭찬의 말하기
- **생각퍼뜨리기**
  책임감 있는 태도에 대한 실천 의지 다지기

B-3. 어른들의 잔소리는 필요한가

- **생각틔우기**
  시를 읽고 잔소리에 대한 생각 떠올리기
- **생각키우기**
  책임에 대한 경험 떠올리고 논술 주제 생각하기
- **생각피우기**
  자신의 생각을 정리하여 글쓰기 준비하기
- **생각퍼뜨리기**
  잔소리에 대해 주장하는 글 쓰고 동물 입장에서 생각하기

B-1 잔소리 폭탄

공부한 날 _____년 _____월 _____일

공부할 문제 「잔소리 폭탄」을 읽고, 책임의 중요성을 알고 생활 속에서 실천하여 봅시다.

생각틔우기 • 43
'책임'의 의미를 생각하며 낱말 익히기

생각키우기 • 45
자신의 생활과 비교하며 내용 파악하기

생각피우기 • 50
주인공의 일상과 변화된 생활을 정리하고 인물이 되어 일기 쓰기

생각퍼뜨리기 • 52
책임감 있는 생활을 위한 다짐과 계획하기

생각 틔우기

1 다음 시와 전래 동화를 읽고 물음에 답해 봅시다.

우리 집 강아지 레오

이주영

우리 집 강아지 레오가
내 다리에 얼굴을 비비적비비적
미안! 언니가 산책 시간을 잊었네.

우리 집 강아지 레오가
밥그릇에 코를 대고 킁킁킁
미안! 언니가 얼른 맘마 챙겨 줄게.

혼자서는 아무것도 못 하는
우리 집 강아지 레오
내가 항상 잘 챙겨 줘야지.

견우와 직녀

옛날, 하늘나라에는 베를 잘 짜는 직녀와 소를 키우는 농사꾼 견우가 살았어요. 어느 날 우연히 만난 견우와 직녀는 첫눈에 반해 혼인했어요. 그런데 부부가 된 견우와 직녀는 아침부터 저녁까지 놀러 다니기만 해서 임금님께 큰 벌을 받았지요. 견우는 은하수 동쪽에서 소를 돌보고 직녀는 은하수 서쪽에서 베를 짜고 살도록 둘을 갈라놓으셨답니다.

'견우와 직녀 이야기'는 견우와 직녀가 한 해에 한 번 만나게 된다는 칠월칠석의 유래 설화입니다.

■ 다음 빈칸에 공통으로 들어갈 알맞은 말을 골라 ○해 봅시다.

◆ 「우리 집 강아지 레오」에 나오는 '나'는 혼자서는 아무것도 못 하는 강아지를 잘 챙겨 주겠다는 ☐☐☐을 가지고 있네요.

◆ 「견우와 직녀」에서 견우와 직녀가 자기가 맡은 일을 미루지 않고 성실하게 해내는 ☐☐☐을 가지고 있었다면 헤어지는 일은 없었을 거예요.

이런 말 이런 뜻
비비적비비적: 두 물체를 잇따라 맞대어 문지르는 모양.
베: 삼실, 무명실, 명주실 따위로 짠 옷감.

(책임감, 정직함, 자신감)

생각 틔우기

낱말 익히기

1 「잔소리 폭탄」에 나오는 낱말의 뜻풀이를 보고, 알맞은 낱말을 보기에서 골라 빈 칸에 써 봅시다.

낱말 뜻	낱말 뜻	낱말 뜻
놀라거나 두려워서 눈이 크고 둥그렇게 되다.	물건들을 이리저리 들추며 뒤지다.	덩어리가 깨어져 조각조각 부스러지다.

낱말 뜻	낱말 뜻	낱말 뜻
자유롭게 행동하지 못하도록 억지로 억누르는 상황에서 벗어나게 함.	남이 알아듣기 어려울 정도의 낮은 목소리로 자꾸 불평을 하다.	억울한 일을 당해 화나고 슬픈.

보기

투덜거리다   으스러지다   서러운
해방   휘둥그레지다   뒤척이다

2 다음 낱말을 이용하여 삼행시를 지어 봅시다.

> 잔소리의 '리'를 '이'로 바꾸어도 됩니다.

- 잔 _____
- 소 _____
- 리 _____

이런 말 이런 뜻
잔소리: 필요 이상으로 듣기 싫게 꾸짖거나 참견함. 또는 그런 말.

44 논리가 술술 톡톡 3학년

생각 키우기

예측
하기

1 다음 물음에 대한 답을 ‹보기›에서 골라 번호로 써 봅시다.

1 부모님께 가장 많이 듣는 잔소리는 무엇인가요?　　　　　　　　　(　　)

2 가장 듣기 싫은 잔소리는 무엇인가요?　　　　　　　　　　　　　(　　)

‹보기›
① 공부 좀 해라.　　　　　　　② 텔레비전 좀 그만 봐.
③ 학원 늦지 않게 가라.　　　　④ 숙제는 다 했니?
⑤ (동생이랑) 싸우지 마라.　　 ⑥ 양치질 깨끗이 해라.
⑦ 반말 하지 마라.　　　　　　⑧ 컴퓨터 게임 좀 그만해.
⑨ 네 방 청소 좀 해.　　　　　 ⑩ (남과 비교하여)너도 좀 잘해 봐.
⑪ 기타(　　　　　　　　　　　　　　　　　　　　　　　　　)

물음에 대한 적절한 답이 없으면 ⑪ 기타에 직접 답을 써 봅시다.

2 **1**에서 답한 잔소리를 들었을 때의 기분이 어떠한지 써 봅시다.

```
_____
```

3 주변 어른께 다음 질문을 해 보고, 정리하여 써 봅시다.

1 자녀에게 가장 많이 하시는 잔소리는 무엇인가요?
_____

2 어렸을 때 가장 듣기 싫었던 잔소리는 무엇인가요?
_____

3 아이들에게 잔소리를 하고 난 뒤의 느낌은 어떠하신가요?
_____

4 만일 아이들이 부모님의 잔소리를 '잔소리 폭탄'이라고 여긴다면 어떤 생각이 들겠는지 써 봅시다.
_____

잔소리 폭탄

이주영

> 이야기 제목과 관련지어 글의 내용을 미리 짐작해 봅시다.

"경태야! 일어났으면 이불 정리부터 해야지. 창문도 열고, 물도 마시고."
월요일 아침, 엄마가 늦잠을 자고 있던 경태의 이불을 뒤척이며 말씀하셨다.
"네, 알겠어요."
"경태야, 아침밥을 먹어야 하루 종일 기운이 나고 머리도 잘 돌아가는 거야."
"얘 좀 봐! 씹지도 않고 삼키면 안 됐지? 천천히 꼭꼭 씹어 먹어야지."
"반찬도 골고루 먹어야지, 먹고 싶은 것만 먹으면 키 안 큰댔지?"
"콩만 쏙쏙 골라내지 말랬지?"
아침부터 엄마의 잔소리가 끊이질 않았다.
"엄마, 나 밥 꼭꼭 씹어서 먹고 있잖아요. 꼭꼭 씹어서 먹고 있는데 왜 꼭꼭 씹어서 먹으라고 해요? 항상 다 안 된다고 그러고……."
경태는 엄마한테 짜증을 냈다.
"이경태 너, 엄마한테 말버릇이 그게 뭐니?
아빠가 언성을 높이셨다.
"학교 다녀오겠습니다."
경태는 어쩐지 서러운 마음에 문을 쾅 닫고 집을 나섰다.
"우리 엄마는 잔소리가 끝이 없어. 엄마랑 있으면 계속 잔소리 폭탄을 맞는 기분이라니까. 내가 뭐만 하면 다 안 된대. 딱 하루만이라도 엄마의 잔소리에서 해방될 수 있다면 정말 소원이 없겠다."
학교에 도착한 경태가 친구 찬용이에게 투덜거리며 말했다.
"맞아. 우리 엄마도 항상 30초도 안 지켜보시고 잔소리부터 하셔. 엄마들도 누구한테 잔소리를 들어 보셔야 우리 기분을 아실텐데."
찬용이가 맞장구쳤다.

이런 말 이런 뜻
언성: 말하는 목소리.
폭탄: 전쟁터에서 상대편을 해치거나 건물을 부수기 위해 던지거나 쏘거나 떨어뜨려서 터뜨리는 폭발물.
맞장구치다: 남의 말에 서로 호응하거나 동의하다.

내용 파악하기

1 아빠가 경태에게 언성을 높이신 까닭은 무엇인지 써 봅시다.

2 경태는 엄마에게 어떤 불만을 가지고 있는지 써 봅시다.

며칠 뒤 엄마, 아빠는 이틀 간 강원도 할머니 댁에 가시게 되었다. 할머니께서 요즘 몸이 많이 약해지셔서 엄마, 아빠가 할머니 댁에 가서 모셔 오기로 한 것이다.

"우리 경태, 엄마랑 아빠 없어도 은주 이모랑 잘 지낼 수 있지?"

아빠가 말씀하셨다.

"물론이지요!"

경태가 씩씩하게 대답했다. 엄마처럼 잔소리는커녕 경태의 말이라면 뭐든지 다 들어주는 은주 이모랑 지낼 생각에 신이 났기 때문이다.

"경태야, 학원 빠지면 안 되고, 준비물이랑 숙제 잊으면 안 되고, 이 닦는 것도 잊지 말고. 특히 은주 이모한테 버릇없이 굴면 안 된다. 알았지?"

경태는 짜증이 났다.

'엄마는 집을 떠나면서까지 잔소리를 하시네.'

"언니! 경태도 벌써 초등학교 3학년인데, 알아서 잘하겠지. 집 걱정은 하지 말고 잘 다녀와."

"이모 말이 맞아. 알았다니까요."

경태가 옆에서 못마땅한 표정으로 대답하였다.

"경태야, 학교 잘 다녀오고. 길 건널 때 왼쪽 오른쪽 잘 살피고."

엄마가 경태를 으스러지도록 꽉 안으며 말씀하셨다.

엄마, 아빠가 떠나시자 경태는 큰 소리로 외쳤다.

"와, 내 세상이다!"

> **이런 말 이런 뜻**
> 으스러지다: 덩어리가 깨어져 조각조각 부스러지다.

내용 파악하기

3 경태가 이모와 둘이서 지내게 된 까닭은 무엇인지 써 봅시다.

---

4 경태가 "와, 내 세상이다!"라고 외친 까닭을 생각해 봅시다.

B 내 생활의 주인은 나 **47**

생각 키우기

다음 날 아침, 이모가 경태를 깨웠다.
"경태야, 아침이다. 학교 가야지. 어서 일어나."
'칫, 이모도 엄마와 다르지 않네. 아침부터 잔소리라니.'
하지만 이것이 이모의 마지막 잔소리였다.
이모는 아침 식사로 계란 프라이와 우유, 토마토를 차려 주셨다. 경태가 대충 씹어 삼켜도 엄마처럼 꼭꼭 씹어 먹으라는 잔소리를 하지 않았다. 반쯤 먹다 남겨도 상관하지 않았다.
"이모, 엄마도 안 계신데 나 오늘 딱 하루만 학원 빠지면 안 될까?"
경태가 신발을 신다 말고 이모에게 조심스럽게 이야기했다.
"그래, 오늘 하루만이다. 너, 학원 몇 군데 다니니? 우리 경태가 그동안 학원 다니느라 힘들었구나."
"그리고 이모, 나 이따가 스마트폰 한 시간만 하면 안 돼? 피자도 시켜 먹자."
"그래, 오늘만 특별히 두 시간 해. 저녁에 피자도 시켜 줄게. 무슨 피자 좋아하니?"
"이모는 역시 최고야. 엄마랑 이야기하면 늘 잔소리 폭탄을 맞는 기분인데, 이모랑 있으니까 정말 행복해."
"잔소리 폭탄?"
"쉿! 엄마, 아빠한테는 절대 비밀!"
경태는 이모가 무슨 말이든 순순히 다 들어주자 신이 났다. 그날 밤 경태는 이모가 시켜 준 피자를 먹고, 누워서 스마트폰을 들여다보며 인터넷을 하다가 잠이 들었다. 이도 닦지 않고, 씻지도 않았다. 내일 숙제도, 준비물도 까맣게 잊었다.

> **이런 말 이런 뜻**
> **순순히:** 성질이나 태도가 고분고분하고 부드럽게.

5 경태의 말에 엄마는 이모와는 달리 어떤 잔소리를 하셨을지 추측해 봅시다.

경태의 말	이모의 반응	엄마의 잔소리
나 오늘 딱 하루만 학원 빠지면 안 될까?	오늘 하루만이다. 우리 경태가 그동안 힘들었구나.	
스마트폰 한 시간만 하면 안 돼?	오늘만 특별히 두 시간 해.	
피자도 시켜 먹자.	저녁에 피자도 시켜 줄게. 무슨 피자 좋아하니?	

다음 날 아침, 학교 가는 길에 경태는 저 멀리서 다가오는 찬용이를 보고 반갑게 인사했다.

"찬용아! 나 잔소리 폭탄에서 해방됐다. 이모랑 지내니까 너무 좋아. 어제 학원도 안 갔어. 스마트폰도 마음대로 하고."

경태가 이야기하자 찬용이가 얼굴을 찡그리며 대답했다.

"경태야, 너 이 안 닦았니? 입에서 화장실 냄새가 나."

기분이 상한 경태는 교실에 들어와 자리에 앉았다.

"경태야, 너 지도 기호 그리기 숙제 어렵지 않았어?"

짝꿍 미나가 묻자, 경태는 자기도 모르게 입을 가리며 대답했다.

"아, 맞다. 깜빡했네. 어쩌지?"

경태는 음악 시간에 혼자 우두커니 있었다. 리코더를 안 챙겨 왔기 때문이다. 친구들은 열심히 리코더를 불고 있는데, 혼자서만 가만히 있으려니 시간이 너무 느리게 갔다. 선생님께 크게 혼이 나지는 않았지만 마음이 내내 불편해서 어서 음악 시간이 끝나기만을 기다렸다.

집에 오는 길에 경태는 길을 건너기 전 신호등의 신호가 바뀌기를 기다리다가 깜짝 놀라 눈이 휘둥그레졌다. 한 남자아이가 신호가 초록 불로 바뀌기도 전에 횡단보도로 뛰어들다가 차에 치일 뻔했기 때문이다.

"애, 신호를 잘 보고 건너야지. 그러다 다치면 어쩌려고."

"메롱!"

경태가 놀란 마음에 이야기하자 남자아이는 혀를 날름 내밀고는 재빨리 달려갔다.

경태는 그날 밤 잠자리에 들어서 하루를 되돌아봤다. 해야 할 일을 하지 않은 결과, 하루 동안 참 많은 일이 벌어졌다. 그리고 곰곰이 생각했다.

'나는 아까 그 꼬마가 걱정되어서 한 말이었는데, 그 아이도 내가 한 말을 잔소리라고 생각했을까? 엄마가 내게 하시는 말씀도 잔소리 폭탄이 아니라 걱정이었던 걸까?'

경태는 엄마가 돌아오시면 나눌 이야기가 많겠다고 생각했다.

이런 말 이런 뜻
우두커니: 가만히 한 자리에 서 있거나 앉아 있는 모양.
날름: 혀, 손 따위를 날쌔게 내밀었다 들이는 모양.
곰곰이: 여러모로 깊이 생각하는 모양.

6 해야 할 일을 하지 않은 경태는 어떤 기분을 느꼈는지 써 봅시다.

_____

7 엄마의 잔소리에 대한 경태의 생각이 바뀐 까닭은 무엇인지 써 봅시다.

_____

B 내 생활의 주인은 나 49

생각 피우기

1 다음 빈칸에 알맞은 말을 쓰고, 경태의 일상과 변화된 생활을 정리해 봅시다.

〈주인공의 일상〉

엄마, 아빠가 집에 계신 평소

경태는 눈 뜨자마자 시작되는 엄마의 _____ 에 짜증이 났다. 경태는 딱 하루만이라도 엄마의 잔소리에서 _____ 될 수 있다면 정말 _____ 이 없겠다고 생각하였다.

⬇

경태는 친구 찬용이에게 _____ 에 대한 불만을 이야기하였다. 경태의 불평에 찬용이도 _____ 쳤다.

> 시간 순서대로 어떤 일이 일어났으며 주인공의 생각이 어떻게 변했는지 생각해 봅시다.

〈주인공의 변화된 생활〉

엄마, 아빠가 할머니 댁으로 떠나신 첫째 날

경태는 _____ 가 할머니 댁으로 떠나시자 _____ 와 함께 지내게 되었다. 이모가 아무런 잔소리를 하지 않자 경태는 자기 마음대로 행동하며 _____ 도, _____ 도 모두 잊었다.

⬇

엄마, 아빠가 할머니 댁으로 떠나신 둘째 날

경태는 책임감 없이 행동한 결과 친구에게 싫은 소리를 듣고, 자신도 여러 실수를 하게 되었다. 그리고 집에 가는 길에 한 남자아이가 신호등을 제대로 보지 않고 길을 건너는 모습을 보고 _____ 이 담긴 말을 한 뒤, 엄마가 하시는 말씀들도 _____ 가 아니라 엄마의 _____ 이 아니었을까 생각한다.

1 「잔소리 폭탄」의 내용 중 가장 인상적인 부분을 찾아 그렇게 생각한 까닭과 함께 써 봅시다.

인상적인 부분	
그렇게 생각한 까닭	

> 제목에 덧붙여 그것을 보충하는 것을 '부제목'이라고 합니다.

2 이 글을 읽고 든 생각을 바탕으로 하여 부제목을 지어 봅시다.

제 목	잔소리 폭탄
어울리는 부제목	

3 경태의 입장이 되어 이모와 함께 지낸 날에 관한 일기를 써 봅시다.

> 경태가 겪은 일들을 통해 그때의 기분을 상상해 써 봅시다.

B 내 생활의 주인은 나

생각 퍼뜨리기

1 다음은 엄마와 이모가 나눈 대화 창입니다. 보기를 참고하여 빈칸을 채워 봅시다.

보기

자유롭게, 당황했어, 책임감, 잔소리 폭탄, 책임

> 은주야, 경태를 _____ 지고 데리고 있느라 수고 많았다. — 엄마

> 언니 부탁대로 최대한 잔소리를 안 하고, 스스로 하라고 _____ 그냥 뒀는데, 숙제도 안 하고 준비물까지 안 챙겨 갔을 줄은 몰랐네. — 이모

> 그러게나 말이다. — 엄마

> 학원에 가기 싫고, 피자를 먹고 싶다고 하는데 안 된다고 해야 할지 어떻게 해야 할지 몰라서 _____. — 이모

> 이번 기회에 경태도 스스로 결정한 일에 _____을 가져야 한다는 사실을 깨달은 것 같아. — 엄마

> 언니! 경태가 언니의 잔소리를 _____이라고 부른다는 사실, 절대 비밀이야. 내가 이야기했다고 하면 안 돼! — 이모

> 알았어. 나도 경태가 잔소리를 그렇게까지 싫어할 줄은 몰랐네. 앞으로 경태가 자기 일을 책임감 있게 스스로 하는 습관을 들일 수 있도록 믿고 기다려줘야겠어. — 엄마

2 경태가 엄마께 쪽지 편지를 쓰려고 합니다. 자신이 경태라면 어떤 내용을 쓸지 생각하여 써 봅시다.

1 자신에게 부모님과 떨어져 지내며 무엇이든지 할 수 있는 자유로운 하루가 주어진다면 어떻게 보낼지 계획을 세워 봅시다.

1 누구와 함께 어떤 일들을 하고 싶은지 써 봅시다.

_____

_____

2 다음 그림은 하루 일과표입니다. **1**에서 생각한 일들을 넣어 '나의 자유로운 하루' 계획을 세워 봅시다.

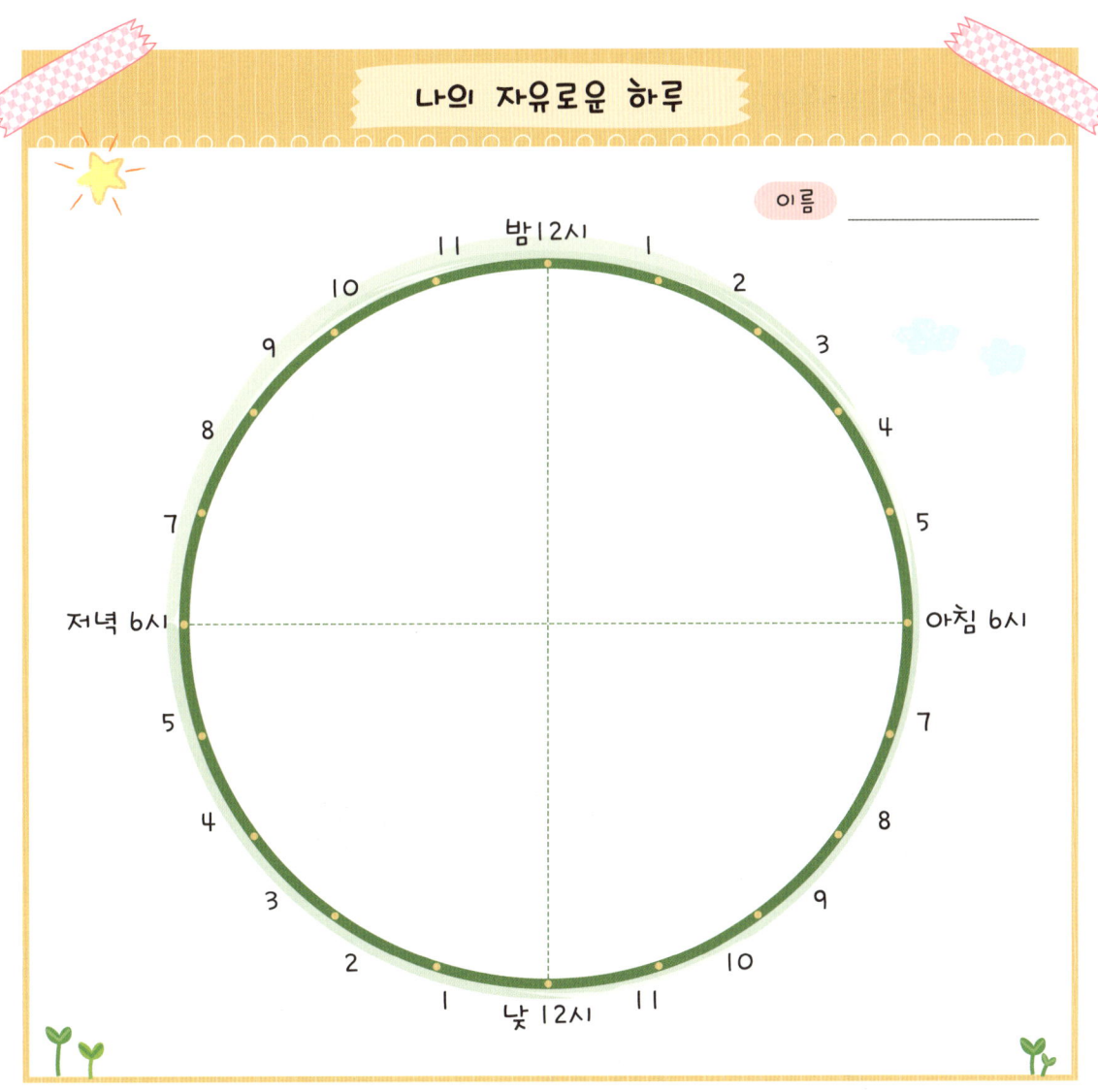

3 자유로운 하루 계획을 세우고 난 느낌을 써 봅시다.

_____

B-2 책임감이 필요해

공부한 날 _____ 년 _____ 월 _____ 일

공부할 문제 '봉사 활동 체험 수기'의 특징을 알고, 봉사 활동을 한 자신의 경험을 써 봅시다.

생각틔우기 • 55
봉사 활동에 대해 알아보고 체험 수기의 구성 알기

생각키우기 • 57
글을 읽고 내용 파악하고 자신의 봉사 활동 경험 떠올리기

생각피우기 • 60
봉사 활동할 때의 예절을 생각하고 칭찬의 말하기

생각퍼뜨리기 • 62
책임감 있는 태도에 대한 실천 의지 다지기

생각 틔우기

1 다음은 '봉사 활동'에 대한 설명입니다. 빈칸에 알맞은 낱말을 보기 에서 찾아 써 봅시다.

보기
억지로, 대가 없이, 자기 자신, 다른 사람

봉사 활동은 나라나 사회 또는 □□□□ 을 위해서 어떤 일을 □□□□ 돕는 활동을 뜻합니다.

2 다음은 봉사 활동의 분야와 활동 내용에 대한 설명입니다. 서로 어울리는 것끼리 선으로 이어 봅시다.

| 자연 보호 · 환경 보전 | · | · | ◆ 건강 교육 · 건강 키우기 캠페인, 진료
◆ 보육원 · 양로원 · 독거노인 방문, 심리 치료 |

| 사회 복지 · 건강 생활 | · | · | ◆ 도서관 자원봉사 활동, 관광 안내
◆ 문화 행사 도우미, 생활 체육 활동 지원 |

| 문화 · 체육 발전 | · | · | ◆ 공원 · 하천 · 산 · 골목 등의 환경 정화 활동
◆ 환경 캠페인 · 환경 교육 활동, 재활용 운동 |

여러분이 생활 속에서 실천하는 작은 봉사 활동들을 생각해 봅시다.

3 다음 중 봉사 활동을 할 때 지켜야 할 마음 자세로 알맞은 것에는 ○, 알맞지 않은 것에는 ×해 봅시다.

◆ 자신이 맡은 일에 책임감을 갖고 최선을 다해요. ·················· (   )
◆ 다른 사람들에게 칭찬을 받을 마음으로 참가해요. ·················· (   )
◆ 기쁜 마음과 표정으로 정성을 다해 도와야 해요. ·················· (   )
◆ 남들보다 쉬운 것만 하려는 마음으로 해야 해요. ·················· (   )

4 다음 글은 학생 봉사 활동을 다녀와서 쓴 **체험 수기**입니다. 글을 읽고 물음에 답해 봅시다.

해외 봉사 활동을 다녀와서
이시연

　나는 얼마 전, 친구들과 캄보디아로 봉사 활동을 다녀왔다. 평소에는 접하기 쉽지 않은 특별한 경험을 한다는 것에 처음에는 많이 긴장이 되었다.

　책상도 **변변찮은** 낡은 교실에서 공부하고, 온 가족이 한방에서 자며 가난하게 사는 아이들을 대하니 봉사를 하는 동안만이라도 최선을 다해 도와주어야겠다는 ☐☐ 이 들었다. 기타를 치며 노래를 가르치고, 수학 공부도 봐 주면서 지내다 보니 약속한 일주일이 훌쩍 가버렸다.

　학생 신분이 아닌 ☐☐ 로 지낸 일주일이 나에게는 무엇과도 바꿀 수 없는 소중한 경험이었다.

이런 말 이런 뜻
체험 수기: 자기가 겪은 경험에 대하여 직접 쓴 글.
변변찮은: 제대로 갖추어지지 못하여 부족한 점이 있는.

1 이 글의 빈칸에 들어갈 알맞은 말을 〈보기〉에서 골라 위의 빈칸에 써 봅시다.

> 〈보기〉
> 자신감, 봉사자, 여행자, 책임감

2 이 글을 '처음 – 가운데 – 끝' 부분으로 나누어 글에 표시해 봅시다.

5 자원봉사 체험 수기는 처음, 가운데, 끝으로 구성됩니다. 각 부분에 들어갈 알맞은 내용을 〈보기〉에서 골라 빈칸에 써 봅시다.

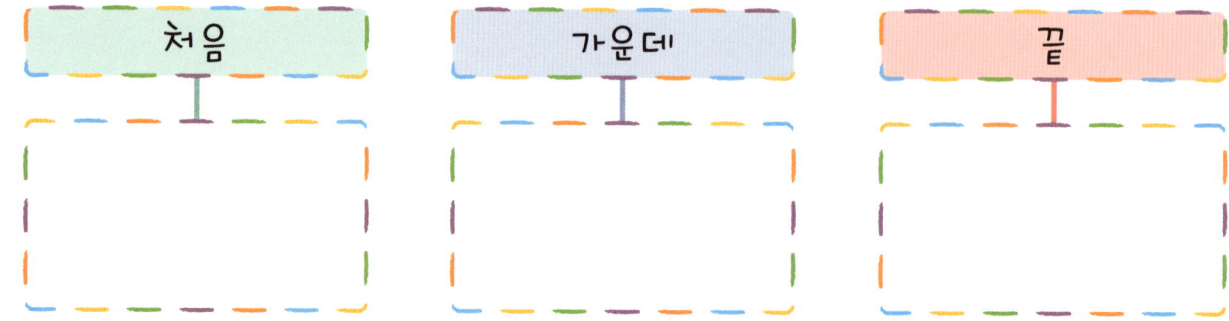

> 〈보기〉
> • 자원봉사를 하게 된 계기, 처음 생각, 소개, 첫 방문 느낌
> • 활동에 대한 반성, 새롭게 깨달은 것, 앞으로의 다짐
> • 자원봉사 활동 내용, 봉사지에서 생긴 일, 처음과 다른 점 비교

생각 키우기

1 다음 57~58쪽 글을 읽고 물음에 답해 봅시다.

- 출처
『콩 한 쪽도 나누어요』
글 고수산나
/열다(한우리북스)

채원이의 가족 봉사 체험 수기

우리 가족은 지난가을부터 토요일마다 할아버지, 할머니들이 계시는 요양원에 봉사 활동을 다니고 있다. 할아버지, 할머니들께서 웃는 얼굴로 맞아 주시는 것은 좋지만 사실 토요일마다 있었던 즐거울 뻔한 일들을 떠올리면 아쉬움이 더 크다. 오늘 아침만 해도 그렇다. 수민이가 자기 생일잔치를 한다고 며칠 전부터 들떠서 우리 반 친구들을 초대했는데 나는 거기에 끼지 못해 정말 울고 싶었다.

"채원아, 오늘 너는 봉사활동 가야지?"

이렇게 먼저 말문을 여니 할 말이 없어 고개만 끄덕인 어제 일이 떠올라 눈물이 찔끔 나오려고 했다.

'쉬는 날 늦잠도 못 자고, 더구나 생일잔치에도 못 가다니!'

엄마께서 흔들어 깨우는데도 이불을 뒤집어쓰고 골을 부렸다.

그래서 얻어 낸 자유로운 토요일! 나는 문구점에 들러 선물을 산 뒤에 수민이네 집에 갔다. 내가 좋아하는 피자에, 치킨에, 떡볶이까지……. 나는 수민이 엄마께서 차려 주신 생일상 앞에 앉아 친구들과 신나게 먹고 놀다가 오후 늦게 집으로 돌아왔다.

가족 봉사를 하면 가족 구성원 간에 단결력이 생기고, 어른과 함께 하면서 봉사 활동에 필요한 예절을 배울 수 있습니다.

이런 말 이런 뜻
골: 비위에 거슬리거나 언짢은 일을 당하여 벌컥 내는 화.

1 채원이네 가족은 토요일마다 어디에 가서 무슨 일을 하는지 써 봅시다.

_____
_____

2 채원이는 오늘 아침에 무엇 때문에 속이 상했는지 써 봅시다.

_____

생각 키우기

'토요일이 이 정도는 되어야지!'
 콧노래를 흥얼거리며 현관문을 열고 들어선 나는 꽃이 흐드러지게 핀 봉숭아 화분을 발견하고 그 자리에 우뚝 서 버렸다.
 "채원아, 그거 노랑 핀 할머니가 너 갖다 주라고 하시더라. 이번 주 지나면 꽃이 시든다고."
 내가 말동무 해 드리는 할머니는 머리에 노랑 핀을 꽂고 계셔서 별명이 노랑 핀 할머니이시다. 꽃을 유난히 좋아하셔서 요양원 화단 한 켠에 수선화도 심고, 봉숭아도 키우신다. 그 옆에서 풀 뽑기를 도와 드리고, 읽어 달라고 하시는 책도 소리 내어 읽으면서 말동무를 해 드리는 일이 내가 맡은 봉사 활동이다.
 지난주에 만났을 때 손톱에 봉숭아 물을 예쁘게 들이고 계셔서 부러워했더니 이번 주에 가면 내 손톱에도 들여 주기로 약속하셨는데 내가 안 가니 봉숭아 화분을 보내 주신 것이다. 잠자리에 들어 엄마가 손톱에 봉숭아 빻은 것을 올리고 비닐로 감싸 묶어 주신 걸 물끄러미 바라보니 노랑 핀 할머니 얼굴이 떠올랐다.
 '할머니께서 나 기다리셨을 텐데……'
 다음 토요일에는 꼭 가서 봉숭아 물 들인 손톱을 보여 드리며 고맙다는 인사를 해야겠다고 생각했다. 기다리고 계실 노랑 핀 할머니 생각에 나도 다음 봉사 활동 날이 기다려진다.

이런 말 이런 뜻
흐드러지게: 매우 탐스럽거나 한창 성하게.

3 채원이는 봉사 활동에 가서 어떤 일들을 하는지 써 봅시다.

4 할머니는 채원이에게 무엇을 보냈는지 써 봅시다.

5 채원이는 봉숭아 물을 들이며 어떤 생각을 하였는지 써 봅시다.

1 다음 빈 곳에 「채원이의 가족 봉사 체험 수기」의 내용을 정리하여 써 봅시다.

처음	• _____
가운데	• 봉사 활동을 안 가고 친구 생일잔치에 가게 됨. • _____ • 노랑 핀 할머니께서 보내신 봉숭아 화분을 보게 됨. • _____
끝	• 봉숭아 화분을 보내 주신 것에 고맙다고 말씀드리겠다고 다짐함. • _____

2 이 글을 읽고 생각하거나 느낀 점을 써 봅시다.

3 '나의 봉사 활동 체험 수기'를 쓰기 위하여 봉사 활동에 참여한 경험을 떠올려 정리해 봅시다.

자연 보호 활동, 가족 봉사 활동, 캠페인 참가, 학급 친구 돕기 등의 경험을 떠올려 봉사 활동 체험 수기를 쓸 준비를 해 봅시다.

처음	〈봉사 활동에 참여하게 된 까닭〉
가운데	〈봉사 활동 경험과 그 과정에서 느낀 점〉
끝	〈봉사 활동을 마친 소감과 앞으로의 다짐〉

생각 피우기

1 자원봉사 할 때의 예절을 생각하며 다음 글을 읽고, ㉠, ㉡, ㉢을 자원봉사를 할 때에 지켜야 할 바른 말과 행동으로 고쳐 써 봅시다.

지난 토요일, 나는 엄마와 가족 캠프에 참가했다. 캠프장에 건물이 많아 두리번거리다가 지나가는 자원봉사자들에게 물었다.
"언니, 가족 캠프를 어느 건물에서 해요?"
㉠"저기요."
자원봉사자 언니는 ㉡손을 주머니에 넣은 채 고갯짓으로만 한 건물을 가리키고 가 버렸다.

| ㉠ ➡ |
| ㉡ ➡ |

"자, 이제 가족에게 편지를 쓰는 시간입니다. 편지지를 나누어 드릴게요. 자원봉사 학생들은 앞으로 나와 도와주세요."
선생님께서 편지지를 들고 자원봉사자들을 부르시니 ㉢고개를 푹 숙이고 휴대 전화만 만지작거리고 있다가 귀찮은 표정으로 느릿느릿 선생님 앞으로 걸어 나갔다.

봉사 활동을 통해 자신의 발전과 더불어 지역 사회에도 도움을 주는 책임감 있는 사람으로 성장할 수 있습니다.

| ㉢ ➡ |

2 다음 밑줄 그은 부분의 자원봉사자의 행동에 대해 어떻게 생각하는지 써 봅시다.

캠프가 끝나갈 무렵 부모님과 편지를 주고받는 낭독 시간이 있어 분위기가 한층 진지해졌다. 한 어머니가 아들에게 쓴 편지를 낭독하며 눈물을 흘렸다. 그때, 자원봉사자 한 명이 휴대 전화를 받더니
"저, 약속한 봉사 시간 다 채웠다고 엄마가 나오래요."
하고는 빠져나갔다. 그래도 대부분의 자원봉사 학생들이 끝까지 함께 해 주어 그날의 가족 사랑 캠프는 즐겁게 마무리되었다.

_____

_____

3 만약 자신이 가족 캠프를 진행한 선생님이라면 끝까지 남아서 봉사 활동을 마무리해 준 학생들에게 어떤 칭찬의 말을 해 줄지 써 봅시다.

4 만약 자신이 행사를 마무리하지 못하고 일찍 돌아간 자원봉사자라면 체험 수기를 쓸 때에 어떤 마무리와 다짐을 할지 써 봅시다.

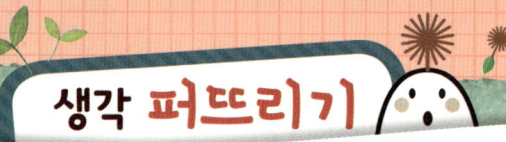

1 다음 하루의 일과를 어른들의 도움 없이 스스로 하는 정도에 따라 점수를 매겨 봅시다. 자신의 책임감 지수를 측정해 보고 앞으로의 행동을 다짐해 봅시다.

나는 책임감 있는 아이일까?

1 자신의 점수가 다음의 어디에 해당하는지 ✓해 봅시다.

점수	✓	이제부터 이렇게 생활합시다!
▶ 26~40점		지금처럼 자기 일을 책임감 있게 실천하세요.
▶ 16~25점		자신의 힘을 믿고 더 노력해 보세요.
▶ 8~15점		작은 일부터 스스로 실천하는 습관을 기르세요.

2 책임감 있게 행동하기 위한 앞으로의 다짐을 써 봅시다.

♡ 책임감 있는 _____가 되기 위하여

_____

_____

B-3 어른들의 잔소리는 필요한가

공부한 날 _____ 년 _____ 월 _____ 일

공부할 문제 '어른들의 잔소리는 필요한가'에 대한 자신의 의견을 주장하여 봅시다.

생각틔우기 • 64
시를 읽고 잔소리에 대한 생각 떠올리기

생각키우기 • 66
책임에 대한 경험 떠올리고 논술 주제 생각하기

생각피우기 • 68
자신의 생각을 정리하여 글쓰기 준비하기

생각퍼뜨리기 • 70
잔소리에 대해 주장하는 글 쓰고 동물 입장에서 생각하기

생각 틔우기

1 다음 시를 읽고 물음에 답해 봅시다.

나는 누구일까?

위기철

오늘 아침, 엄마가 내 방에 들어와
"일찍 일어나지 말고 실컷 늦잠 자!"

오늘 점심, 엄마가 나를 부르며
"이리 와, 군것질 할 시간이야!"

오늘 저녁, 놀다가 집에 돌아오니
"밖에서 놀다 오면 손 씻지 말아야지!"

오늘 밤, 잠자리에 들려고 하니
"잠자리에 들기 전에 이빨 닦으면 안 돼!"

그래서 나는 이렇게 대답했지.
"꿀꿀꿀!"

1 이 시에서 엄마가 하고 싶은 말은 무엇이겠는지 알맞게 선으로 이어 봅시다.

| "일찍 일어나지 말고 실컷 늦잠 자!" | • | • | 밖에서 놀다 오면 손을 씻으렴! |

| "밖에서 놀다 오면 손 씻지 말아야지!" | • | • | 아침에는 일찍 일어나야지! |

2 이 시에 다음과 같은 내용이 들어간다면 엄마가 어떻게 말씀을 하셨을지 써 봅시다.

오늘 오후 내내, 컴퓨터 게임에 정신 팔린 나를 부르며

"컴퓨터 게임을 오래 하면 _____!"

배경 지식

2 '잔소리' 하면 떠오르는 평소의 생각들을 모아 생각 그물로 정리해 봅시다.

생각 그물은 어떤 요소에 대하여 연상되는 것을 자유롭게 표현하는 것입니다.

잔소리

3 다음 그림을 보며 조언과 잔소리가 일어나는 상황을 살펴보고 이에 어울리는 명언을 보기에서 찾아 각각 알맞은 기호를 써 봅시다.

조언은 상대방이 듣기를 원할 때, 잔소리는 상대방이 듣기를 원하지 않을 때 하는 충고라는 차이점이 있습니다.

( )

( )

( )

보기
- ㉠ 지위가 높으면 책임도 크다.
- ㉡ 자기의 책임을 남에게 미루지 말자.
- ㉢ 책임감이 있는 이는 역사의 주인이요, 책임감이 없는 이는 역사의 객이다.

이런 말 이런 뜻
조언: 말로 거들거나 깨우쳐 주어서 도움.
명언: 사리에 맞는 훌륭한 말.
객: 찾아온 손님. 또는 집을 떠나 여행길을 가는 사람.

4 잔소리는 결국 어떤 경우에 하게 될까요? 다음 중 알맞은 말에 ○해 봅시다.

(상대방, 자신)의 행동이 자신이 갖고 있는 생각에 비추어 (옳다고, 옳지 않다고) 판단되어 (고치게 하려고, 칭찬하려고) 합니다.

1 다음 시를 읽고 물음에 답해 봅시다.

나와의 약속

"달래야, 놀자!"
친구들이 불러도

"달래야, 밥 먹자!"
엄마가 부르셔도

"아직, 아직!"
이 문제 다 풀기 전에는
안 일어날 거야.
나와의 약속이거든.

1 다음 중 이 시의 말하는이에게서 느낄 수 있는 마음은 무엇인지 골라 ○해 봅시다.

- ◆ 친구들에 대한 불만 ················( )
- ◆ 엄마에 대한 서운함 ················( )
- ◆ 자기 자신에 대한 걱정 ···········( )
- ◆ 자기 약속에 대한 책임감 ········( )

2 밑줄 그은 '약속'을 넣어 짧은 글을 써 봅시다.

___

___

___

2 여러분은 자기가 한 말이나 계획을 지키려고 무언가를 힘들게 해냈거나 그와 반대로 자기가 해야 할 일을 포기했던 적이 있나요? 그때의 경험과 느낌을 떠올려 써 봅시다.

구분	자신의 경험과 그때의 느낌
해냈어요! ( ) 포기했어요! ( ) (해당하는 곳에 ○해 봅시다.)	〈자신의 경험〉 ___ ___ 〈그때의 느낌〉 ___ ___

3 다음 의견이 담긴 두 글을 읽고 논술 주제에 대해 생각해 봅시다.

수영이의 의견

국어사전을 찾아보면 '잔소리란 쓸데없이 자질구레한 말을 늘어놓음. 또는 그 말.'이란 뜻으로 부정적인 느낌이 드는 말이지만, 저는 부모님의 잔소리는 꼭 필요하다고 생각합니다.

그 까닭은 첫째, 잔소리를 들으면 자신의 잘못을 알고 고치는 데 큰 도움이 됩니다. 자기의 잘못에 책임을 지고 스스로 찾아 고치는 어린이는 거의 없습니다. 저도 부모님의 잔소리 덕분에 잘못된 행동을 고친 적이 많이 있습니다. 둘째, 잔소리는 잘못된 것을 고치도록 해 주기 때문에 문제가 생기는 것을 미리 예방할 수 있습니다. 어렸을 때의 잘못된 습관을 고치지 못해 커서 큰 문제를 저지르는 책임감 없는 어른들을 보면 잔소리의 필요성을 절실하게 느끼게 됩니다.

잔소리를 그냥 듣기 싫은 말이라고 생각하지 말고 부모님께서 나를 바른 길로 이끌기 위한 조언이라고 생각하고 소중히 받아들일 필요가 있습니다.

도윤이의 의견

영국의 거대한 버진 기업 회장인 리처드 브랜슨의 어머니는 리처드가 소년이었을 때 주말마다 주소가 적힌 쪽지 한 장, 빵 한 덩어리와 물병 하나를 들려 아주 멀리 떨어진 친척 집에 다녀오게 하면서 책임감과 모험 정신을 키워 주었다고 합니다. 리처드는 늘 자신의 삶을 스스로 결정하고 부모님과 협의하면서 발전시켜 나갔지요. 부모님께 자신의 꿈을 말씀드리고 설득한 리처드는 고등학교를 중간에 그만두고 반지하 사무실을 얻어 사업을 시작했습니다. 이제 그는 우주 관광까지 분야를 넓힌 세계적인 기업가로 성장하였습니다.

리처드의 성공은 아이들이 스스로 무엇인가를 해 보려는 것 자체를 허락하지 않고, 성장하면서 겪어야 할 선택을 대신해 주는 요즘의 부모님들이 자신을 돌아보게 하는 이야기입니다. 이제 자녀를 믿어 주며 자기 일을 스스로 결정하는 책임감 있는 어른으로 자라도록 잔소리를 멈춰 주세요.

이런 말 이런 뜻
예방: 질병이나 재해 따위가 일어나기 전에 미리 대처하여 막는 일.
협의: 어떤 목적에 부합되는 결정을 하기 위하여 여럿이 서로 의논함.
분야: 여러 갈래로 나누어진 범위나 부분.

■ 여러분이 어른이 되면 어떨까요? 사랑하는 여러분의 자녀가 올바르지 않은 길을 기웃거리는 것도 모두 성장하는 과정이라 생각하고 믿고 기다려 주어야 할지, 잔소리를 해서 올바른 길로 안내해 주어야 할지 생각하며 논술 주제를 써 봅시다.

_____

1 67쪽의 두 글에 대한 입장을 다음 표에 정리해 봅시다.

	주장	그렇게 생각한 까닭
수영	어른들의 잔소리는 _____	잔소리를 들으면 자신의 잘못을 알고 고치는 데 큰 _____ 이 되고, 문제가 생기는 것을 미리 _____ 할 수 있다.
도윤	어른들의 잔소리는 _____	자기의 꿈을 키우고 성장해 나아가면서 겪어야 할 선택을 스스로 _____ 하는 _____ 있는 어른으로 자랄 기회를 줘야 한다.

2 여러분은 어떻게 생각하나요? 다음 중 동의하는 의견에 ○하고 그렇게 생각한 까닭을 써 봅시다.

저는 (수영, 도윤)의 의견에 동의합니다. 왜냐하면 _____
_____
_____

3 자신의 생활 모습을 떠올려 보며 다음 상황에 대해 좋은 점과 좋지 않은 점을 각각 정리해 봅시다.

상황	좋은 점	좋지 않은 점
잔소리를 듣는다	잘못된 행동을 _____	잔소리를 듣고 있으면 기분이 _____
잔소리를 듣지 않는다		

1 다음 주제로 주장하는 글을 쓰려고 합니다. 주제에 알맞은 제목을 써 보고 자신의 생각을 간단하게 정리해 봅시다.

주제	어른들의 잔소리는 필요한가
제목	

제목은 사람들의 흥미와 호기심을 끌 수 있고 내용을 짐작할 수 있어야 합니다.

처음 글을 쓰게 된 동기, 자신의 주장과 관련된 경험, 주변의 이야기 등으로 정리하기

가운데 자신의 주장과 주장을 뒷받침할 수 있는 근거를 분명하게 정하여 정리하기

주장	
근거 1	
근거 2	

자신의 주장과 근거가 분명하게 나타나도록 표현하여 봅시다.

끝 처음과 연관 짓거나 자신의 주장을 요약하여 정리하기

생각 퍼뜨리기

글쓰기

1 69쪽에서 정리한 내용을 바탕으로 '어른들의 잔소리는 필요한가'에 대해 주장하는 글을 써 봅시다.

제목 《   》

처음

가운데

끝

> 자신의 생각을 정리하여 처음, 가운데, 끝 부분으로 글을 쓰고 매끄럽게 썼는지 다시 읽어 봅시다.

1 여러분은 강아지, 햄스터 등의 애완동물을 좋아하나요? 다음 글을 읽고 버려진 동물의 입장에서 자기 주인에게 잔소리를 해 봅시다.

요즈음 애완동물의 수와 그 종류가 엄청나게 늘어났지만 맡길 곳이 없다거나 돈이 너무 많이 든다는 등의 다양한 이유로 애완동물을 버리는 경우 또한 증가하여 사회적인 문제가 되고 있다.

기르던 애완동물을 버리는 현상은 명절과 휴가철에 많이 일어난다. 대부분 애완동물을 맡길 곳이 없다는 이유 때문이다. 이렇게 버려지고 있는 동물로 인한 피해와 문제점도 갈수록 심각해지고 있다. 도로에 갑자기 뛰어든 동물이 차에 치이거나, 떠돌이 동물의 배설물에서 세균이 자라 주변을 오염시키기도 한다. 길거리를 방황하다가 버려진 동물을 위한 유기 동물 보호소로 들어가는 경우, 한 달 정도의 기간이 지나도록 주인을 찾지 못하거나 데려가는 사람이 없으면 죽임을 당하기도 한다.

(출처: 동물 보호 관리 시스템, 'NO. 12 2013 동물 보호, 복지실태 조사 결과)

한국방송광고진흥공사 제공

애완동물: 좋아하여 가까이 두고 귀여워하며 기르는 동물.
유기: 내다 버림.

C
작은 힘도 모이면 큰 힘

협동은 둘 이상의 사람들이 서로 다른 사람이 가진 약점을 보완해 주고 마음과 힘을 하나로 합하여 돕는 것을 말합니다. 세상을 혼자 살아가기에는 한계가 있기 때문에 협동이 필요합니다. 협동을 통해서 혼자 할 수 없는 큰일을 해낼 수 있고 일도 빨리 끝낼 수 있습니다.

C-1. 마음을 모아요

- **생각틔우기**
  '협동'의 의미를 생각하며 낱말 익히기
- **생각키우기**
  친구를 돕는 방법을 생각하며 내용 파악하기
- **생각피우기**
  원인과 결과에 맞게 사건을 요약하고 뒷이야기 상상하기
- **생각퍼뜨리기**
  칭찬하는 편지 쓰기와 협동을 주제로 만화 그리기

C-2. 서로 힘을 합쳐요

- **생각틔우기**
  일기를 쓰면 좋은 점과 일기의 구성에 대해 알기
- **생각키우기**
  협동을 다룬 일기를 읽고 내용 파악하기
- **생각피우기**
  협동을 하여 다른 사람을 도와준 경험 떠올려 일기 쓰기
- **생각퍼뜨리기**
  협동화를 그리고 협동심을 기르는 전통 놀이에 대해 알아보기

C-3. 나에게 피해가 있더라도 협동해야 하는가

- **생각틔우기**
  그림을 통해 협동에 대해 생각해 보고 협동 관련 속담 알아보기
- **생각키우기**
  사례를 통해 협동의 의미를 생각하고 자신의 입장 정하기
- **생각피우기**
  자신의 생각을 정리하여 글쓰기 준비하고 주장하는 글 쓰기
- **생각퍼뜨리기**
  논술 주제와 관련하여 상황을 대하는 태도 생각하기

C-1 마음을 모아요

공부한 날 _____ 년 _____ 월 _____ 일

공부할 문제 「마음을 모아요」를 읽고, 생활 속에서 협동을 실천해 봅시다.

생각틔우기 • 75
'협동'의 의미를 생각하며 낱말 익히기

생각키우기 • 77
친구를 돕는 방법을 생각하며 내용 파악하기

생각피우기 • 82
원인과 결과에 맞게 사건을 요약하고 뒷이야기 상상하기

생각퍼뜨리기 • 84
칭찬하는 편지 쓰기와 협동을 주제로 만화 그리기

생각 틔우기

1 다음 사진을 보고 물음에 답해 봅시다.

1 사진들의 공통점은 무엇인지 써 봅시다.

_____

2 다음 빈칸에 알맞은 낱말을 〈보기〉에서 찾아 써 봅시다.

〈보기〉
사랑, 행복, 충성, 협동, 노력

사진에서 볼 수 있듯이 '둘 이상의 사람들이 서로 마음과 힘을 합하여 돕는 것'을 ☐☐ 이라 합니다.

3 협동을 하면 좋은 점으로 알맞은 것에 ○해 봅시다.

- 일을 더 빠르고 쉽게 해결할 수 있다. ……………………… (   )
- 서로의 생각을 최대한 존중할 수 있다. ……………………… (   )
- 어떤 일을 해결하는 데 자신감을 높일 수 있다. ……………… (   )
- 협동하는 사람들 간에 서로의 부족한 점을 채워 줄 수 있다. …… (   )

C 작은 힘도 모이면 큰 힘

생각 틔우기

낱말 익히기

1 낱말의 뜻을 읽고, 알맞은 낱말을 골라 선으로 이어 봅시다.

뜻	낱말
서로 옳으니 그르니 하며 다툼. 또는 그런 행동.	짓궂은
장난스럽게 남을 괴롭고 귀찮게 하여 달갑지 아니한.	엉겁결
어느 한쪽으로 기울거나 치우치지 아니하고 고른 상태.	옥신각신
물방울이나 땀방울 따위가 생겨나 매달리다.	맺히다
미처 생각하지 못하거나 뜻하지 아니한 순간.	균형

2 낱말의 뜻을 살펴보고, 다음 낱말이 들어가는 짧은 글을 써 봅시다.

산산조각 아주 잘게 깨어진 여러 조각.

_____
_____

소복이 쌓이거나 담긴 물건이 볼록하게 많이.

_____
_____

생각 키우기

1 다음 그림을 보고 물음에 답해 봅시다.

1 그림 가 에서 아이에게 무슨 일이 생겼을지 써 봅시다.

_____

2 그림 나 에서 아이들이 교실에서 무엇을 하고 있는 것일지 써 봅시다.

_____

3 그림 가, 나 로 보아, 아이들에게 앞으로 어떤 일이 일어날지 상상하여 써 봅시다.

C 작은 힘도 모이면 큰 힘

마음을 모아요

이주영

　민수는 소아암을 앓고 있어요. 그래서 초등학교 3학년이 된 지금까지 학교에 간 날보다 병원에서 지낸 날이 더 많아요. 민수가 네 살 때 민수의 엄마는 우연히 민수 발등에 나 있는 조그만 혹을 발견하고 병원에 데려갔어요. 이런저런 검사 뒤 의사 선생님께서 말씀하셨지요.

　"단순한 혹이 아니라 암입니다. 어서 수술을 받아야겠어요."

　그때부터 민수네 가족의 행복했던 삶은 산산조각이 났어요. 혹은 수술했지만 다시 허벅지에, 폐에 병이 깊어져 갔지요. 이어진 수술과 항암 치료……. 그래서 민수는 숨이 차서 제대로 달릴 수도 없어요. 6년 동안 치료를 받으면서 민수의 긴 속눈썹과 가지런한 눈썹, 풍성했던 머리카락도 한 올 한 올 빠졌지요.

　그래도 3학년이 되고 나서는 3월 한 달 동안 절반 이상은 학교에 가고 있어요. 민수에게는 한 가지 비밀이 있지요. 민수는 가발을 쓰고 눈썹을 그리고 학교에 간답니다. 학교에 가는 날이면 민수는 엄마와 옥신각신해요.

　어느 날 아침, 엄마가 민수에게 눈썹을 그려 주시며 말씀하셨어요.

　"민수야. 이제 다시 모자 쓰고 다니자. 가발 답답하잖니. 눈썹도 그만 그리고."

　"싫어요. 1학년 때처럼 애들이 놀리면 어떡해. 나 애들이 또 놀리면 정말 다시는 학교 안 갈 거야."

　그 아픈 주사도 눈물 한 방울 흘리지 않고 꾹 참고 잘 맞는 민수이지만, 이번에는 두 눈에 눈물이 핑 돌았어요.

　민수는 1학년 때 모자를 쓰고 다녔어요. 그런데 집에 오는 길에 더워서 엉겁결에 모자를 벗었다가 짓궂은 아이들이 보고 놀렸거든요.

　"이민수는 대머리래요, 대머리래요. 눈썹도 없대요, 없대요."

이런 말 이런 뜻
소아암: 어린아이에게 많이 생기는 암.
항암 치료: 암세포가 자라는 것을 막거나, 암세포를 죽이는 치료.
옥신각신: 서로 옳으니 그르니 하며 다툼. 또는 그런 행위.

1 민수가 6년 동안 치료를 받으면서 눈썹과 머리카락이 빠져서 어떻게 하고 다니는지 써 봅시다.

하지만 3학년 2반 친구들은 민수의 비밀을 알게 됐어요. 민수가 아파서 학교에 나오지 못하던 어느 날, 담임 선생님께서 말씀해 주셨거든요.

"얘들아. 민수가 왜 계속 학교에 못 오고 있는지 알고 있니?"

"네. 엄마가 그러시는데 민수가 어릴 적부터 많이 아파서 자주 입원을 한대요."

진희가 대답했어요.

"그러면 민수가 어떤 점이 힘들까?"

"학교에 잘 못 나오니까……, 공부를 제대로 못해서 4학년이 되기 힘들 것 같아요."

현진이가 말했어요.

"에이, 공부도 안 하고 학원도 안 가면 좋지 뭐! 난 민수가 부럽다."

지철이가 투덜거렸어요.

"자. 조용, 조용! 얘들아. 진희가 얘기한 것처럼 민수는 어릴 적부터 많이 아팠어. 그래서 숨이 차서 체육 시간에도 못 나가는 거야. 독한 주사를 맞느라 머리카락이 다 빠져서 가발을 쓰고, 눈썹도 그리고. 아마 가발을 벗으면 땀방울이 송송 맺혀 있을걸."

"그럼 가발을 안 쓰면 되잖아요?"

지철이가 답답하다는 듯이 말했어요.

"얼마나 갑갑할까? 그렇다고 가발을 안 쓰면 남자애들이 놀려서 민수 마음이 아플 거예요. 모자는 벗기기도 쉽고요."

진희가 대답했어요.

"선생님! 그렇지만 이미 우리가 민수 비밀을 다 알아 버렸잖아요?"

현진이가 외쳤어요.

"선생님이 너희들을 믿고 이야기한 거란다. 민수가 어느 곳에서든 조금이라도 행복하게 지낼 수 있도록 우리가 지혜와 마음과 힘을 모으자꾸나. 다음 주 수요일까지 각자 민수를 도울 수 있는 반짝이는 생각을 해 오도록!"

> **이런 말 이런 뜻**
> **투덜거리다:** 남이 알아듣기 어려울 정도의 낮은 목소리로 자꾸 불평을 하다.
> **맺히다:** 물방울이나 땀방울 따위가 생겨나 매달리다.

2 민수가 학교생활을 하면서 어떤 점이 힘들었을지 써 봅시다.

---

3 담임 선생님께서 3학년 2반 친구들에게 민수를 위해 어떻게 하자고 말씀하셨는지 써 봅시다.

C 작은 힘도 모이면 큰 힘 79

생각 키우기

약속한 수요일이 되었어요. 민수는 아직도 학교에 나오지 못했지요.
"얘들아, 우리가 민수를 위해 어떻게 마음과 힘을 모으면 좋을지 생각해 봤니?"
선생님께서 질문하셨어요.
"선생님! 민수가 입원해 있는 병원에 찾아가는 건 어떨까요? 가서 재미있는 이야기도 해 주고, 민수가 하는 이야기도 들어 주고요!"
현진이가 제일 먼저 대답했어요.
"병원에 마음대로 찾아가도 될까? 균이 옮고 그러는 거 아니야? 우리가 쓴 편지를 모아서 민수에게 보내 주는 건 어때요?"
지철이가 이어서 이야기했어요.
"민수가 교실이랑 운동장이랑 선생님이랑 우리들이 보고 싶을 때마다 보라고 사진을 찍어서 보내요."
"선생님께서 민수한테 가셔서 공부를 가르쳐 주시는 건 어때요?"
"병원에서도 공부를 하고 싶겠니? TV에서 보니까 병원에서도 어린이 환자들이 따로 공부를 하던데……."
아이들이 여기저기서 손을 들고 이야기했어요.
"병원비가 많이 들텐데, 우리 학교 학생들 모두 돈을 모아서 민수 어머니께 전해 드리는 건 어때요? 민수도 힘들지만 민수네 엄마랑 아빠도 많이 힘드실 것 같아요."
진희가 말했어요.
"얘들아, 정말 반짝이는 생각을 많이 했구나. 그런데 생각을 좀 더 균형 있게 해 보자. 우리 모두 민수의 학교생활을 어떻게 도울지가 아니라, 민수의 병원 생활을 어떻게 도울지에 관해서만 고민한 것 같구나."
선생님께서 빙그레 웃으며 말씀하셨어요.

> **이런 말 이런 뜻**
> **빙그레:** 입을 약간 벌리고 소리 없이 부드럽게 웃는 모양.

내용 파악하기

4 친구들의 생각 중 민수에게 가장 도움이 될 것 같은 생각을 고른 뒤, 그렇게 생각한 까닭도 함께 써 봅시다.

_____

_____

5 선생님께서 "생각을 좀 더 균형 있게 해 보자."라고 말씀하신 까닭은 무엇인지 써 봅시다.

_____

여름과 가을이 가고 겨울이 되었어요. 결국 겨울이 되도록 민수는 입원과 퇴원을 반복하는 바람에 학교로 돌아가지 못했어요. 민수 부모님께서는 당분간 학교를 쉬는 것이 좋겠다고 결정하셨지요.

그동안 선생님과 친구들은 민수에게 편지를 모아서 보내고, 자신들이 학교와 교실 곳곳에서 생활하는 모습도 사진으로 찍어 보냈어요. 틈틈이 병문안을 가서 도란도란 이야기도 나누고요. 덕분에 민수의 표정도 한층 밝아졌지요.

민수는 병실 침대에 우두커니 앉아 창밖을 내다봤어요. 온 세상이 하얀 눈으로 뒤덮여 있었지요.

"엄마! 1, 2학년 때 친구들이랑 지금 친구들은 참 다른 것 같아요. 선생님도 그렇고. 예전 친구들은 나를 놀리기만 해서 참 슬펐는데……. 오늘도 친구들이 올까요?"

"그러게 말이다. 고맙고 기특하기도 하지. 그런데 이렇게 함박눈이 내렸으니 눈사람 만드느라 다들 정신이 없겠는걸?"

"나도 밖에 나가서 눈사람을 만들어 보고 싶어요. 눈을 손으로 만져 보고 싶다."

그때였어요.

"민수야! 우리 같이 눈사람 만들자!"

친구들이 저마다 커다란 대야에 눈을 소복이 담아 들고 병실로 성큼성큼 걸어 들어왔어요. 선생님께서는 주먹 두 개를 합친 크기의 자그마한 눈사람을 손에 들고 미소를 지으셨어요.

"가지고 들어가도 된대. 의사 선생님께서 허락하셨어."

진희가 웃으며 외쳤어요.

이런 말 이런 뜻
도란도란: 여럿이 나직한 목소리로 서로 정답게 이야기하는 소리. 또는 그 모양.
우두커니: 가만히 한 자리에 서 있거나 앉아 있는 모양.
성큼성큼: 다리를 잇따라 높이 들어 크게 떼어 놓는 모양.

6 민수와 민수 엄마가 3학년 반 친구들과 선생님에 대해 어떻게 생각하고 있는지 써 봅시다.

―――――――――――――――――――――――――――――――

7 함박눈이 내리는 날, 반 친구들과 선생님이 민수를 위해 어떻게 했는지 써 봅시다.

―――――――――――――――――――――――――――――――

내용 정리하기

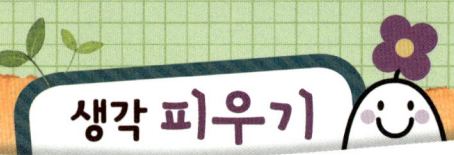

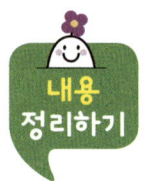

1 「마음을 모아요」를 읽고, 원인과 결과에 맞게 사건을 정리하여 빈칸에 알맞은 말을 써 봅시다.

원인	
↓	
결과	민수는 학교에 제대로 다니지 못한다.
원인	
↓	
결과	민수는 초등학교 1학년 때 마음의 상처를 입었다.
원인	
↓	
결과	민수의 표정이 한층 밝아지고, 선생님과 반 친구들에게 고마운 마음을 가졌다.

2 다음을 읽고 이 글의 내용에 맞으면 ○, 틀리면 ×해 봅시다.

민수는 네 살 때부터 몸이 아팠다.	
민수는 가발을 쓰고 학교에 다녔다.	
담임 선생님은 민수에게 관심이 없으시다.	
민수는 3학년이 되고 나서는 결석을 하지 않았다.	
친구들이 힘을 합쳐 도와서 민수는 학교에서 즐겁게 생활할 수 있게 되었다.	

1 다음 인물과 인물의 성격이 어울리도록 알맞게 선으로 이어 봅시다.

| 인물 | | 인물의 성격 |

- 민수 •　　　　• 학생들을 사랑하는 마음이 깊고 신중하다.
- 담임 선생님 •　　　• 공부하기를 싫어하고 다소 엉뚱한 면이 있다.
- 진희 •　　　　• 참을성이 많고 주변의 시선을 신경 쓴다.
- 지철 •　　　　• 다른 사람의 아픔을 헤아릴 줄 알고 배려심이 깊다.

인물이 한 말과 행동을 통해 인물의 성격을 파악할 수 있습니다.

2 다음 대화 창을 보고 자신이 할 수 있는 말을 생각하여 빈칸에 써 봅시다.

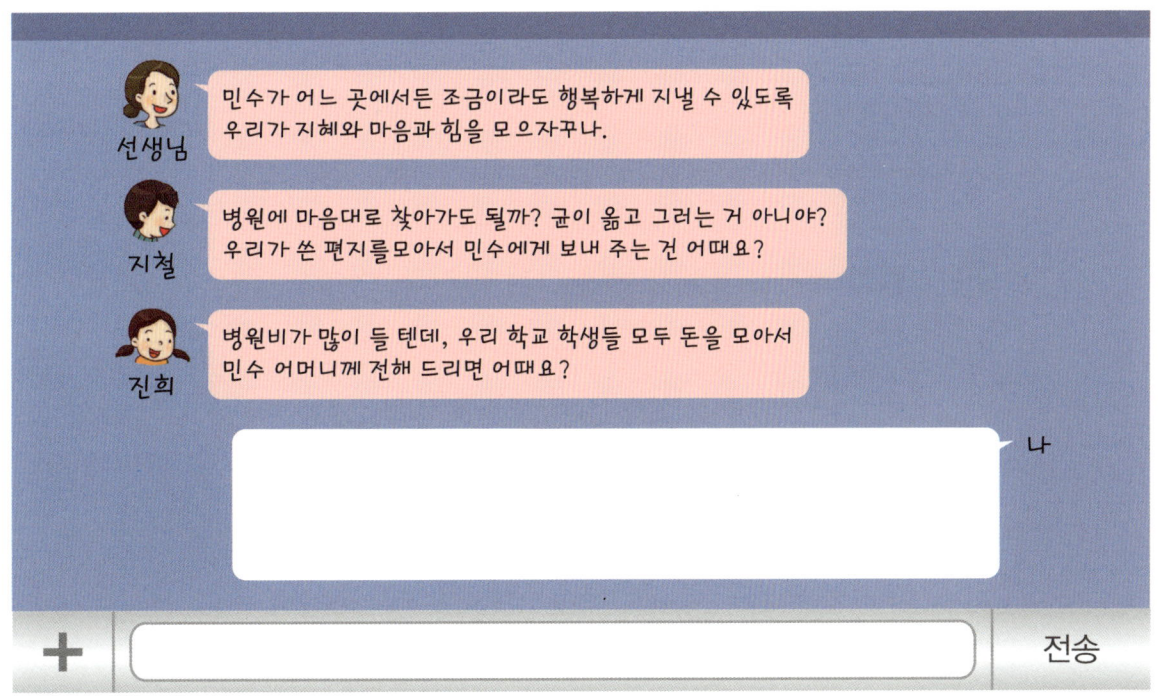

3 민수와 친구들은 어떤 시간을 보냈을까요? 뒷이야기를 상상하여 써 봅시다.

C 작은 힘도 모이면 큰 힘

생각 퍼뜨리기

1 모두 협동하여 아픈 민수의 마음을 치료해 준 3학년 2반 친구들에게 칭찬의 편지를 써 봅시다.

_____에게

_____가

> 구체적인 내용을 제시하여 칭찬해 봅시다.

2 협동을 주제로 4컷 만화를 그려 봅시다.

제목:

1	2
3	4

C-2 서로 힘을 합쳐요

공부한 날 _____년 _____월 _____일

공부할 문제 '일기'의 구성 요소를 알고, 협동을 실천한 일기를 써 봅시다.

생각틔우기 • 86
일기를 쓰면 좋은 점과 일기의 구성에 대해 알기

생각키우기 • 88
협동을 다룬 일기를 읽고 내용 파악하기

생각피우기 • 90
협동을 하여 다른 사람을 도와준 경험 떠올려 일기 쓰기

생각퍼뜨리기 • 93
협동화를 그리고 협동심을 기르는 전통 놀이에 대해 알아보기

생각 틔우기

1 다음은 무엇에 대한 설명인지 빈칸에 알맞은 낱말을 써 봅시다.

> ☐☐는 개인이 일상에서 체험하는 경험, 생각, 감상 등의 모든 내용을 하루 단위로 기록하는 기록입니다.

2 다음 위인을 보고 관련 깊은 것끼리 선으로 이어 봅시다.

이순신 장군

안네의 일기

안네 프랑크

난중일기 (문화재청 제공)

연암 박지원

열하기

> 『열하일기』는 연암 박지원이 청나라 건륭제의 70세 생일을 축하하는 사절로 청나라에 다녀온 일을 기록한 내용입니다.

3 일기를 쓰면 좋은 점으로 알맞은 것에 ○해 봅시다.

- 글쓰기를 잘할 수 있어요. ………………………………………… ( )
- 답답한 마음이 더 심해져요. ……………………………………… ( )
- 생각하는 폭이 좁아져요. ………………………………………… ( )
- 자신의 생각을 잘 정리할 수 있어요. …………………………… ( )
- 하루를 돌아보고 반성할 수 있어요. …………………………… ( )
- 주변을 잘 살피는 능력이 생겨요. ……………………………… ( )

이런 말 이런 뜻
단위: 길이, 무게, 수효, 시간 따위의 수량을 수치로 나타낼 때 기초가 되는 일정한 기준.
기록: 주로 후일에 남길 목적으로 어떤 사실을 적음. 또는 그런 글.

4 일기의 구성에 대해 알아봅시다.

- 다음 설명을 읽고 일기의 구성에 해당되는 부분을 찾아 써 봅시다.

월, 일 및 요일을 씁니다.	
그날의 날씨를 씁니다.	
일기의 제목을 씁니다.	
일기 내용을 씁니다.	

5 다음 밑줄 그은 부분은 일기에 쓸 수 있는 내용입니다. 이외에 일기에 더 들어갈 내용을 생각하여 써 봅시다.

만약 어제 했던 일과 오늘 한 일이 똑같다면 일기를 어떻게 써야 할지 막막하죠? 그렇지만 조금만 더 신경을 쓴다면 일기에 쓸 거리는 정말 많이 있어요.
　자신이 직접 겪은 일, 느꼈던 일, 생각한 일, 기뻤던 일, 슬펐던 일, 화난 일 등을 소재로 사용할 수 있어요.
　일기를 쓸 때 무엇을 써야 할지 고민된다면 일기를 쓰기 전에 가만히 앉아서 눈을 감아 보세요. 그리고 조용하게 심호흡을 하면서 머릿속에 하루 동안 일어난 일들을 하나씩 떠올려 보세요. 그러면 일기로 기록하고 싶은 '쓸 거리'가 분명히 생각날 거예요.

생각 키우기

- 출처
『사랑의 학교』
원작 에드몬드 데
아미치스
엮음 이규희
/삼성출판사

1 다음 일기를 읽고 물음에 답해 봅시다.

11월 1일 화요일   날씨: 맑음

굴뚝 청소를 하는 아이

어제 오후, 실비아 누나가 다니는 학교에 갔습니다. 그런데 한 남자아이가 교문 옆에서 울고 있는 게 보였습니다. 얼굴과 손에 검은 재가 묻은 그 아이는 커다란 솔을 들고 있었습니다. 굴뚝 청소를 하는 아이가 분명했습니다.

"꼬마야, 왜 울고 있니?"

학교에서 나오던 여학생들이 물었습니다. 그러자 아이는 그을음과 눈물로 얼룩진 얼굴을 손으로 닦으며 말했습니다.

"굴뚝 청소를 해 주고 받은 삼십 리라를 잃어버리고 말았어요."

"아니, 어쩌다 그랬니?"

"호주머니에 구멍이 난 걸 몰랐어요. 흑흑, 돈이 없으면 집에 못 가요. 아버지가 마구 때릴 게 분명해요."

아이는 어깨를 들썩이며 서럽게 울었습니다.

이런 말 이런 뜻
리라: 예전 이탈리아, 터키의 화폐 단위. 현재는 터키의 화폐 단위임.

내용 파악하기

1 굴뚝 청소를 하는 아이가 교문 옆에서 울고 있던 까닭은 무엇인지 써 봅시다.

_____

2 아이는 어쩌다가 돈을 잃어버리게 되었는지 써 봅시다.

_____

여학생들이 점점 많이 모여들었습니다. 그중 빨간 옷을 입은 여학생이 이 리라를 꺼내 들고 큰 소리로 말했습니다.

"난 지금 이 리라밖에 없어. 하지만 우리가 가지고 있는 돈을 조금씩 모으면 금방 삼십 리라를 만들 수 있을 거야."

그러자 여학생들은 주머니에서 돈을 꺼내 사내아이에게 주었습니다. 돈이 없는 어떤 여학생은 들고 있던 꽃을 아이의 주머니에 꽂아 주었습니다. 불쌍한 아이에게 무엇이라도 주고 싶었던 것입니다. 여학생들이 한 푼씩 모은 돈은 삼십 리라가 훨씬 넘었습니다.

'정말 아름답구나!'

나는 그 모습을 보며 진한 감동을 받았습니다.

이런 말 이런 뜻
푼: 예전에, 엽전을 세던 단위. 한 푼은 돈 한 닢을 이름.

3 울고 있는 아이를 위해 빨간 옷을 입은 여학생은 어떻게 하였는지 써 봅시다.

_____

4 돈이 없는 어떤 여학생은 어떻게 하였는지 써 봅시다.

_____

5 여학생들이 한 푼씩 모은 돈은 얼마가 되었는지 써 봅시다.

_____

생각 피우기

1 이야기의 순서를 생각해 봅시다.

1 사건이 일어난 순서에 맞게 빈칸에 알맞은 번호를 써 봅시다.

2 1의 그림을 보고 「굴뚝 청소를 하는 아이」의 내용을 요약해 봅시다.

그림으로 표현된 중요한 내용을 요약하여 써 봅시다.

1 「굴뚝 청소를 하는 아이」를 읽고 물음에 답해 봅시다.

1 굴뚝 청소를 하는 아이는 자신을 도와준 여학생들에게 어떤 마음이 들었을지 써 봅시다.

_____

2 만약 여학생들이 협동을 하지 않았다면 무슨 일이 일어났을지 생각하여 써 봅시다.

_____

3 자신이 굴뚝 청소를 하는 아이라고 생각하고, 여학생들에게 감사의 인사를 해 봅시다.

4 협동을 하여 다른 사람을 도와준 경험을 떠올리거나 이야기 또는 인터넷 기사 등을 찾아 써 봅시다.

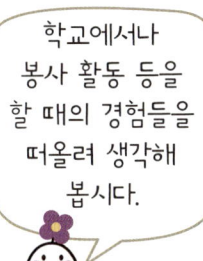

학교에서나 봉사 활동 등을 할 때의 경험들을 떠올려 생각해 봅시다.

언제
어디서
누가
무엇을
어떻게
왜

생각 피우기

일반화

1 협동했던 자신의 경험을 떠올리며 일기를 써 봅시다.

날짜: 월   일   요일   날씨:

제목:

2 자신이 쓴 일기를 다시 읽고 평가해 보고, 평가에 따라 쓴 일기를 고쳐 봅시다.

평가 내용을 자세히 살펴보고 스스로 평가를 해 봅시다.

일기의 형식에 맞게 썼습니까?	상	중	하
일기의 내용을 자세히 썼습니까?	상	중	하
반성과 다짐을 썼습니까?	상	중	하
맞춤법에 맞게 썼습니까?	상	중	하

생각 퍼뜨리기

1 친구들과 협동하여 다음 그림을 색칠해 봅시다.

2 협동하여 그림을 완성하고 난 뒤의 생각이나 느낌을 써 봅시다.

1 친구와 협동심을 기르는 전통 놀이를 알아보고, 보기에서 찾아 알맞은 놀이 이름을 빈칸에 써 봅시다.

		한 사람이 수건 등으로 눈을 가리고, 다른 사람을 잡는 놀이.
		두 편으로 나뉘어 가위바위보를 하여 진 쪽이 말이 되고 이긴 쪽은 말에 올라타는 놀이.
		두 사람이 양 손을 잡아 올려 문을 만들고 그 문 밑으로 다른 사람들이 빠져나가는 놀이.
		술래가 둥글게 모여 앉은 아이들 주위를 수건을 들고 재빨리 돌아가다가 한 아이의 등 뒤에 몰래 놓고 달아나는 놀이.
		술래를 정해 놓고 술래가 눈을 가린 사이 다른 사람들은 숨고, 술래가 나머지 숨은 아이들을 찾는 놀이.
		술래나 맨 앞사람이, 허리를 잡고 일렬로 늘어선 놀이 대열의 맨 끝 사람을 떼어 내는 놀이.
		편을 나누어 줄을 잡아당겨, 많이 당긴 쪽이 이기는 놀이.

보기

말타기, 꼬리잡기, 대문놀이, 숨바꼭질, 줄다리기, 수건돌리기, 장님놀이

C-3 나에게 피해가 있더라도 협동해야 하는가

공부한 날 _____년 _____월 _____일

공부할 문제 '나에게 피해가 있더라도 협동해야 하는가'에 대한 자신의 의견을 주장하여 봅시다.

생각틔우기 • 96
그림을 통해 협동에 대해 생각해 보고 협동 관련 속담 알아보기

생각키우기 • 99
사례를 통해 협동의 의미를 생각하고 자신의 입장 정하기

생각피우기 • 101
자신의 생각을 정리하여 글쓰기 준비하고 주장하는 글 쓰기

생각퍼뜨리기 • 103
논술 주제와 관련하여 상황을 대하는 태도 생각하기

생각 틔우기

1 다음 그림을 보고 물음에 답해 봅시다.

1 오른쪽 큰 물고기는 왜 깜짝 놀랐는지 써 봅시다.

2 작은 물고기들이 큰 물고기에게 잡혀 먹히지 않은 까닭은 무엇일지 써 봅시다.

3 이 그림에 알맞은 제목을 붙여 봅시다.

4 이와 비슷한 경험을 실제로 한 적이 있으면 떠올려 써 봅시다.

배경 지식

1 다음 속담들은 모두 '협동'과 관련된 내용입니다. 속담에 알맞은 뜻을 선으로 이어 봅시다.

속담	그 안에 담긴 뜻
종이도 네 귀를 들어야 바르다.	한 손으로는 소리가 나지 않고, 비로소 두 손으로 소리가 난다는 뜻임.
백짓장도 맞들면 낫다.	힘들고 괴로운 일도 여러 사람과 함께 당하면 서로 위로받게 되어 견디기가 더 낫다는 뜻임.
손뼉도 마주쳐야 소리가 난다.	자신의 일은 저 혼자 처리하기가 어렵고 다른 사람의 도움을 받아서 처리하는 것이 쉽다는 뜻임.
매도 같이 맞으면 낫다.	가벼운 종이도 네 귀퉁이를 들어야 반듯하게 된다는 말로, 서로 힘을 합하는 것이 중요하다는 뜻임.
숯불도 한 덩이는 쉬 꺼진다.	종이 한 장이라도 여러 사람이 마주 들면 가볍다는 말로, 무슨 일이든지 서로 도우면 쉽게 이루어진다는 뜻임.
중이 제 머리 못 깎는다.	여러 개의 숯이 모여 빨갛게 불 피워진 데서 한 개를 꺼내 놓으면 그 한 개의 불은 곧 꺼지듯이 사람도 여럿이 힘을 모아야 일이 잘 된다는 뜻임.

속담은 예로부터 민간에 전해 오는 쉬운 격언으로, 우리 조상들의 지혜가 담겨 있습니다.

이런 말 이런 뜻
백짓장: 종이 한 장.
귀퉁이: 물건의 모퉁이나 삐죽 나온 부분.

생각 틔우기

2 다음의 낱말을 보고, 자유롭게 생각을 떠올려 생각 그물을 완성해 봅시다.

생각 그물은 '마인드맵'이라고도 합니다.

주제와 관련해서 다양한 낱말과 이미지를 떠올려 보세요.

3 협동을 했던 경험을 떠올려 '협동'에 대한 설명으로 알맞은 것에 ○를, 알맞지 않은 것에는 ✕해 봅시다.

- 일을 좀 더 빨리 끝마칠 수 있다.
- 다양한 의견을 존중할 수 있다.
- 혼자 모든 걸 다 할 때보다 힘이 덜 든다.
- 나의 상황에 맞게 조절할 수 있다.
- 때로는 나에게 손해가 가는 경우도 있다.
- 소속감을 느낄 수 있다.
- 내가 하고 싶을 때 골라서 할 수 있다.

생각 키우기

 **문제 알기**

1 다음 글을 읽고 논술 주제에 대해 생각해 봅시다.

> 우리 반은 학기 초에 가장 큰 행사로 학예회를 하기로 정했어.
>
> 마침내 학예회의 날이 다가왔고 학예회를 위해 며칠 전부터 모둠별로 재미난 프로그램도 짜고, 먹을 것도 준비했어. 그런데 하필 어젯밤부터 너무 아픈 거야. 하는 수 없이 선생님께 빠지겠다고 말씀드렸지. 그런데 선생님께서 "아픈 건 알지만, 오늘은 반 전체의 단합을 위한 자리야. 네가 빠지면 전체가 아니지 않니? 그러니 좀 참고 같이 해라."라고 하시는 거야.
>
> '협동을 위해 개인을 희생하는 건 당연한 건가?'
>
>

이런 말 이런 뜻
희생: 다른 사람이나 어떤 목적을 위하여 자신의 목숨, 재산, 명예, 이익 따위를 바치거나 버림.

■ 협동을 하면 좋다는 사실은 누구나 다 알고 있습니다. 하지만 협동을 위해 개인이 희생해야 하는 경우가 생긴다면 어떨까요? 전체를 위해서 개인이 희생해야 할까요? 아니면 소중한 개인을 위해 협동을 하지 않아도 괜찮은 것일까요? 이와 관련하여 논술 주제를 생각해 봅시다.

〈논술 주제〉

생각 키우기

문제 해결 방법 알기

1 99쪽 글을 읽고 논술 주제와 관련된 두 입장을 다음 표에 정리해 봅시다.

주장	나에게 피해가 있더라도 협동을 해야 한다.	나에게 피해가 있다면 협동을 하지 않아도 된다.
그렇게 생각한 까닭	• 단체 생활을 할 때는 개인의 일보다는 전체가 우선시되어야 한다고 생각하기 때문이다. •	• 내 인생을 누가 대신해 주는 것이 아니듯, 내 삶이 무엇보다 가장 중요하기 때문이다. •

2 자신의 생활 모습을 떠올려 보며 다음 상황에 대해 좋은 점과 좋지 않은 점을 각각 정리하여 빈 곳에 알맞은 말을 써 봅시다.

상황	좋은 점	좋지 않은 점
나에게 피해가 있더라도 협동한다	협동을 하면 많은 사람이 _____	자기 자신에게 피해가 있다면 _____
나에게 피해가 있다면 협동하지 않는다	협동으로 인해 개인이 손해를 _____	사람들이 자기만 위하게 되어 _____

3 1, 2의 활동을 통해 자신의 입장을 정하여 ○하고 그렇게 생각한 까닭을 써 봅시다.

나는 나에게 피해가 있더라도(있다면) (협동을 할 것이다, 협동을 하지 않을 것이다). 왜냐하면 _____

생각 피우기

1 다음 주제로 주장하는 글을 쓰려고 합니다. 주제에 알맞은 제목을 써 보고 자신의 생각을 간단하게 정리해 봅시다.

주제	나에게 피해가 있더라도 협동해야 하는가
제목	

처음 글을 쓰게 된 동기, 자신의 주장과 관련된 경험, 주변의 이야기 등으로 정리하기

가운데 자신의 주장과 주장을 뒷받침할 수 있는 근거를 분명하게 정하여 정리하기

주 장	
근거 1	
근거 2	

> 제시한 근거는 주장을 잘 뒷받침하는 것이라야 합니다.

끝 처음과 연관 짓거나 자신의 주장을 요약하여 정리하기

글쓰기

1. 101쪽에서 정리한 내용을 바탕으로 '나에게 피해가 있더라도 협동을 해야 하는가'에 대해 주장하는 글을 써 봅시다.

제목 《   》

처음

가운데

끝

글의 제목이 적절한지, 꼭 써야 할 내용을 빠뜨리지 않았는지, 글 전체가 하나의 주제로 통일되었는지 살펴보고 고쳐쓰기를 해 봅시다.

생각 퍼뜨리기

창의성

1 자신이 살고 있는 집 앞에 쓰레기 소각장이 생긴다면 어떨까요? 다음 그림과 글을 보고, 반드시 필요하지만 우리 집 앞에 생긴다면 싫은 것을 대하는 태도에 대해 생각해 봅시다.

> 님비 현상은 공공의 이익에는 부합하지만 자신이 속한 지역에는 이롭지 아니한 일을 반대하는 이기적인 행동을 말합니다.

장애인 시설이나 쓰레기 처리장, 화장장, 교도소와 같이 지역 주민들이 싫어할 시설이나 땅값이 떨어질 우려가 있는 시설들이 자신이 살고 있는 지역에 들어서는 것을 반대하는 현상이 있습니다. 그래서 함께 모여 시설을 설치하는 것을 반대하는 시위를 하기도 하고, 반대하는 문구를 적은 현수막을 곳곳에 걸어 두기도 합니다.

> 님비와는 정반대로, 수익성이 있는 사업을 자신의 지역에 유치해 달라고 앞다투는 것인 핌피 현상도 있습니다. 이 둘 다 일종의 지역 이기주의 현상이라는 점에서는 공통점이 있습니다.

■ 자신이 살고 있는 집 바로 옆에 쓰레기 소각장을 설치한다고 한다면 자신은 어떻게 할지 써 봅시다.

나는 쓰레기 소각장 설치를 (찬성, 반대)할 것이다. 왜냐하면 _____

D
나라 사랑 큰나무

애국은 우리나라를 사랑하는 마음을 말합니다. 우리나라와 다른 나라의 축구 경기를 보았을 때 우리나라를 목청껏 응원하고 골을 넣었을 때 뛸 듯이 기뻐하는 마음도 이러한 애국심의 한 모습입니다. 우리는 우리나라인 대한민국을 아끼고 사랑하고, 대한민국의 국민임을 자랑스럽게 여겨야 합니다.

D-1. 백범 김구 기념관을 다녀와서

- **생각틔우기**
  '애국'의 의미를 생각하며 낱말 익히기
- **생각키우기**
  김구 선생님에 대해 알아보고 글 읽고 내용 파악하기
- **생각피우기**
  내용을 정리하고 인물의 성품 표현하기
- **생각퍼뜨리기**
  나라를 위해 희생하신 분께 감사 편지 쓰고 나라 사랑 실천하기

D-2. 나라를 사랑하는 마음

- **생각틔우기**
  영화에 관한 배경지식을 익히고, 영화 감상문의 구성 알기
- **생각키우기**
  '국제시장 영화 감상문'을 읽고 내용 파악하기
- **생각피우기**
  영화 '국제시장'을 보고 난 생각이나 느낌을 정리하고 영화 감상문 쓰기
- **생각퍼뜨리기**
  애국과 관련된 영화를 알아보고 영화 소개 포스터 만들기

D-3. 친일파의 재산이라도 보호해야 하는가

- **생각틔우기**
  을사오적에 대해 알아보고 친일파와 독립운동가의 삶에 대해 생각하기
- **생각키우기**
  사례를 통해 애국의 의미 생각하고 논술 주제 찾기
- **생각피우기**
  자신의 생각을 정리하여 글쓰기 준비하기
- **생각퍼뜨리기**
  주장하는 글을 쓰고 독립 유공자의 처우에 대해 생각하기

D-1 백범 김구 기념관을 다녀와서

공부한 날 _____ 년 _____ 월 _____ 일

공부할 문제 「백범 김구 기념관을 다녀와서」를 읽고, 애국을 실천해 봅시다.

생각틔우기 • 107
'애국'의 의미를 생각하며 낱말 익히기

생각키우기 • 109
김구 선생님에 대해 알아보고 글 읽고 내용 파악하기

생각피우기 • 114
내용을 정리하고 인물의 성품 표현하기

생각퍼뜨리기 • 116
나라를 위해 희생하신 분께 감사 편지 쓰고 나라 사랑 실천하기

사진: 경상일보 제공

 **생각 틔우기**

1 다음 만화를 보고 '나라사랑큰나무'에 대해 알아봅시다.

문화체육관광부 제공

■ 나라사랑큰나무는 어떻게 하면 무럭무럭 자라날 수 있다고 하였는지 빈칸에 알맞은 말을 써 봅시다.

국민들의 □□□□ 이 커질수록 무럭무럭 자라날 수 있습니다.

D 나라 사랑 큰나무 **107**

1 낱말의 뜻을 읽고 보기에서 골라 빈칸에 알맞은 낱말을 써 봅시다.

보기

가담, 의사, 기념관, 묘역, 연보, 응석

어른에게 어리광을 부리거나 귀여워해 주는 것을 믿고 버릇없이 구는 일.	사람이 한평생 동안 지낸 일을 연월순으로 간략하게 적은 기록.	나라와 민족을 위하여 제 몸을 바쳐 일하려는 뜻을 가진 의로운 사람.
묘소(산소)의 경계를 정한 구역.	같은 편이 되어 일을 함께 하거나 도움.	뜻깊은 일이나 훌륭한 인물 등을 오래도록 잊지 아니하고 마음에 간직하기 위하여 세운 건물.

2 다음 낱말이 들어가도록 짧은 글 짓기를 해 봅시다.

태극기	
의병	
민족정신	
독립군	
의사	

이런 말 이런 뜻
의병: 외적의 침입을 물리치기 위하여 백성들이 자발적으로 조직한 군대. 또는 그 군대의 병사.
민족정신: 한 민족이 공유하는 고유한 정신.
독립군: 나라의 독립을 이루기 위해 싸우는 군대.

생각 키우기

1 『백범일지』는 김구 선생님께서 자신의 일생에 대해 자세히 기록한 자서전입니다. 다음 『백범일지』의 차례를 보고 김구 선생님이 어떤 사람인지, 어떤 일을 하셨는지 추측하여 말해 봅시다.

차례의 내용과 평소 알고 있던 지식을 바탕으로 김구 선생님에 대해 자유롭게 말해 봅시다.

차례

저자의 말

〈백범일지 상권〉
- 인(仁) 신(信) 두 아들에게
- 우리 집과 내 어린 시절
- 글공부와 과거 본 이야기
- 동학 입도와 동학 농민 봉기 활동
- 청계동 생활과 유학 훈도
- 청국 시찰과 의병 부대 활동
- 첫번째 투옥과 옥중 생활
- 방랑, 유람과 견문
- 승려 생활과 환속
- 애국 계몽 운동과 신민회 활동
- 안악 사건과 세번째 투옥
- 신민회 사건(105인 사건)과 옥중 생활
- 중국으로의 망명

〈백범일지 하권〉
- 하권을 쓰면서
- 상해 임시 정부 시절
- 이봉창 의사의 의거
- 윤봉길 의사의 의거
- 임시 정부 이동의 대장정
- 임시 정부의 개편과 독립군 장교 양성
- 중경 임시 정부와 광복군

〈백범일지 계속편〉
- 중경 임시 정부의 활동과 일제의 항복
- 그리던 조국에의 환국

〈나의 소원〉

이런 말 이런 뜻

동학: 19세기 중, 탐관오리의 괴롭힘과 다른 나라의 침입에 저항하여 최제우가 세상과 백성을 구제하려는 뜻으로 만든 민족 종교.
입도: 깨달음의 경지에 이르기 위한 수행을 시작함.
망명: 혁명이나 정치적 이유로 자기 나라에서 박해를 받고 있거나 박해를 받을 위험이 있는 사람이 이를 피하기 위하여 외국으로 몸을 옮김.
의거: 정의를 위하여 개인이나 집단이 의로운 일을 도모함.

백범 김구 기념관을 다녀와서

김상규

"아빠, 응? 응? 응?"

은성이가 아빠 얼굴에 조그마한 자기 얼굴을 가져다 대며 아빠 팔을 잡고 응석을 부립니다. 휴일인데, 그냥 집에만 있을 거냐는 거죠.

"응? 아빠. 응? 나가서 배드민턴이라도 치자, 응?"

아빠는 그냥 쉬고 싶답니다. 일주일 내내 일하느라 시달렸으니 휴일 하루만이라도 소파에서 등을 떼고 싶지 않지요. 그냥 소파와 하나가 되고 싶은 심정입니다.

"아빠, 하루 종일 그러면 소파 된다."

아빠가 바라는 것이지요. 은성이는 계속 아빠를 조릅니다.

"여보, 그러면 우리 효창 공원에 배드민턴 치러 갈까요?"

집에서 걸어가도 되는 곳입니다. 나무도 많고, 공터도 넓고, 새들도 많은 도심 속의 가족 공원이지요. 공원의 바깥쪽에 있는 공터에서 배드민턴을 칠 수 있어요. 시간 되면 아무 때나 다녀올 수 있는 곳이죠.

아빠는 누가 뒤에서 붙잡아 못 일어나게 하는 것 같은 몸을 일으켜 세웁니다.

"영차."

"야호!"

은성이가 소리를 지릅니다. 이제 아빠와 휴일 나들이를 나갈 수 있게 되었습니다.

이런 말 이런 뜻
응석: 어른에게 어리광을 부리거나 귀여워해 주는 것을 믿고 버릇없이 구는 일.
도심: 도시의 중심부.

내용 파악하기

1. 은성이가 소리를 지른 까닭이 무엇인지 써 봅시다.

2. 은성이네 가족이 가려는 곳이 어디인지 써 봅시다.

엄마, 아빠와 은성이가 효창 공원에 도착했을 때 벌써 여러 가족들이 나들이 겸 산책을 하기 위해서 나와 있었습니다. 은성이네 식구들도 길을 따라 천천히 걸으면서 이야기도 하면서 사람들과 같은 방향으로 한 바퀴를 돌 때였어요.

야트막한 언덕 위에는 〈삼의사 묘역〉이라는 안내판이 있었습니다.

"아빠, 삼의사 묘역은 무슨 말이야?"

"나라를 위해 목숨을 바친 세 분의 묘가 있는 곳이란 뜻이지."

"세 분?"

"응, 윤봉길, 이봉창, 백정기 의사 세 분의 묘가 있단다."

은성이가 안내판을 자세히 들여다봅니다. 엄마, 아빠는 옆에서 기다려 줍니다. 그리고 다시 걷기를 하다가,

"아빠, 저기가 뭐 하는 데야? 연구소야?"

"음, 연구소라면 연구소고, 박물관이라면 박물관이지."

입구 팻말에는 〈백범 김구 기념관〉이라고 쓰여 있었습니다.

"아빠, 나 저기 들어가고 싶어."

"그래? 아빠도 들어가고 싶어. 대신에 아빠가 숙제 하나 내 줄 테니까, 그거 꼭 하기."

"뭔데, 아빠?"

"김구 선생님에 대하여 조사하기."

"좋아."

"대신에 조사 잘하면 아빠가 다음 주에도 배드민턴 치러 나오지."

은성이가 활짝 웃습니다.

"알았어. 아빠, 나도 좋아. 이제 휴일은 아빠랑 배드민턴 계속 칠 수 있겠네. 내가 조사 잘해 볼게."

이렇게 은성이와 엄마, 아빠 셋은 〈백범 김구 기념관〉 1층으로 들어갔습니다.

이런 말 이런 뜻
기념관: 어떤 뜻깊은 일이나 훌륭한 인물 등을 오래도록 잊지 아니하고 마음에 간직하기 위하여 세운 건물.

3 〈백범 김구 기념관〉이 왜 효창 공원 옆에 있는지 알아봅시다.

생각 키우기

　1층 중앙 홀에는 커다란 태극기를 배경으로 백범 김구 선생님의 동상이 있습니다. 의자에 앉아 있는 모습이지요. 너무나 엄숙한 분위기입니다. 그리고 왼쪽 관람실로 들어가면 김구 선생님의 연보가 보입니다. 언제 무슨 일을 했는지 자세히 나오죠. 은성이는 가지고 온 수첩에 자세하게 적습니다.

> 1876년 탄생
> 1909년 안중근 의사의 의거에 연루, 체포 ……

　그리고 어린 시절, 의병 생활 등의 자료들도 보았죠.
"아빠."
"응?"
"김구 선생님은 동학군이기도 하셨나 봐."
"그래, 동학군에 가담하시면서 민족정신이 더 강해지셨다고 하더라."
"그러면 평생 외적들과 싸운 거네."
"그렇지. 어려서는 의병, 조금 커서는 동학군, 조금 더 나이가 들어서, 아빠 나이쯤부터는 독립군, 그리고 임시 정부 일까지 평생을 나라를 위해서 자신을 바치신 분이란다."
"와, 대단하다."
　은성이는 연표도 적고 중요한 사건들을 정리했습니다.
"아빠, 내가 집에 가면 이거 정리해서 보여 줄게."
"그래."
　아빠는 흐뭇하게 은성이를 바라보았습니다. 초등학생이면 많이 큰 건가 보다고 생각하시나 봅니다.

이런 말 이런 뜻
연보: 사람이 한평생 동안 지낸 일을 연월순(年月順)으로 간략하게 적은 기록. 흔히 개인의 연대기를 이른다.
연루: 남이 저지른 범죄에 연관됨. '관련'으로 순화.

4 1층 중앙 홀에서 왼쪽 관람실로 들어가서 은성이가 본 것은 무엇인지 써 봅시다.

_____

5 김구 선생님은 나라를 위해 어떤 일들을 했는지 써 봅시다.

_____

〈은성이가 정리한 김구 선생님의 자료〉

연도(나이)	백범 김구 선생님이 한 일 또는 업적
1876년(1세)	황해도 해주 백운방 텃골에서 아버지 김순영과 어머니 곽낙원의 외아들로 태어남. 어린 시절 이름은 창암
1892년(17세)	과거 시험에 응시, 낙방. 매관매직의 타락상을 보고 서당 공부 중단하고 관상을 공부하며 마음 좋은 사람이 되기로 결심함.
1893년(18세)	동학에 입도, 창수로 이름을 바꿈.
1896년(21세)	일본인 밀정 스치다를 명성황후 시해에 대한 복수로 처단함. 그 뒤 사형이 확정됨. 광무황제의 특명으로 형 집행이 정지되었으나 일제의 방해로 계속 투옥됨.
1905년(30세)	전덕기, 이준, 이동녕 등과 을사조약 파기를 원하는 상소를 올리고 공개 연설을 함.
1909년(34세)	이토 히로부미를 처단한 안중근 의사의 의거에 연루되어 체포됨.
1911년(36세)	안악 사건(안명근 사건)으로 체포, 서울로 압송되어 혹독한 고문을 당함. 징역 15년을 선고받고 서대문 감옥에 수감됨.
1914년(39세)	이름을 구(九)로, 호를 백범(白凡)으로 고침.
1919년~1930년 (44~55세)	중국 상해로 망명함. 임시 정부에서 많은 직책을 맡아 일함.
1932년(57세)	일왕 히로히토에게 이봉창이 수류탄을 투척한 일과 상하이 훙커우 공원에서 윤봉길이 폭탄을 던져 시라카와 등을 처단한 일과 관련되어 상해 탈출. 자싱, 하이옌으로 피신함.
1940년(65세)	임시 정부 주석이 됨.
1945년(70세)	임시 정부가 일본·독일에 선전 포고를 하고 고국으로 돌아옴. 임시 정부 환국 환영 대회에서 귀국 연설을 하고 신탁 통치 반대 국민 총동원 위원회를 조직함.
1946년(71세)	비상국민회의를 조직하여 신탁 통치 반대 운동을 함.
1949년(74세)	경교장에서 안두희 흉탄에 의해서 돌아가심. 이봉창, 윤봉길 등 동지들 곁에 잠들고 싶다는 평소 유언에 따라 효창원에 안장됨.

이런 말 이런 뜻
매관매직: 돈이나 재물을 받고 벼슬을 시킴.
관상: 사람의 얼굴을 보고 그의 운명, 성격, 수명 따위를 판단하는 일.
밀정: 남몰래 사정을 살핌. 또는 그런 사람.

백범 김구 선생님은 자신의 온 생애를 오직 조국과 민족의 독립과 통일에 바치신 우리 겨레의 영원한 지도자입니다. 선생님의 유명한 연설문 「나의 소원」을 읽어 보면, 얼마나 우리 민족의 독립을 간절히 바라셨는지 알 수 있습니다.

생각 피우기

1 113쪽의 은성이가 정리한 김구 선생님의 관련 자료를 보고, 물음에 답해 봅시다.

1 김구 선생님은 17살 때 조선 왕조 최후의 과거에 응시하였으나 뜻을 이루지 못하고, 그 다음 해 어떤 종교에 입문하였는지 써 봅시다.

2 김구 선생님이 21세 되던 해, 일제 밀정을 살해한 죄로 사형이 선고되었는데, 누가 그를 사면했는지 써 봅시다.

3 김구 선생님은 30살 되던 해, 많은 사람들 앞에서 무슨 내용으로 공개 연설을 했는지 써 봅시다.

| | | | 을 파기하라는 내용

4 김구 선생님은 34살 되던 해, 어떤 사건과 연루되어 체포되었는지 써 봅시다.

| | | 의사가 이토 히로부미를 처단한 의거

5 김구 선생님은 57살 되던 해, 두 사건과 관련하여 상해를 탈출하게 되는데, 그 사건들과 관계된 두 사람의 이름을 써 봅시다.

| | | | , | | | |

6 김구 선생님은 65살 되던 해, 임시 정부의 어떤 자리에 뽑히게 되었는지 써 봅시다.

| | |

7 김구 선생님은 70살 되던 해, 해방된 조국으로 돌아오지만 아직도 외세의 개입이 있다고 생각해 벌이게 된 운동은 무엇인지 써 봅시다.

| | | | | 반대 운동

8 김구 선생님은 74살 되던 해, 총으로 저격당해 돌아가시게 됩니다. 누구에 의해 살해되었는지 써 봅시다.

| | | |

이런 말 이런 뜻
사면: 죄를 용서하여 형벌을 면제함.
외세: 외국의 세력.

1 다음은 백범 김구 선생님이 쓰신 『백범일지』에 나오는 내용들입니다. 이러한 행동을 보고 김구 선생님은 어떤 성품을 가진 사람이었겠는지 써 봅시다.

- 목숨을 끊으려는 순간에도 이마 위에 손톱으로 '충(忠)' 자를 새겼다.
- 더러운 마음으로 임금을 섬긴다며 법정의 관리들을 큰소리로 꾸짖었다.
- 우리나라 국모를 죽인 일본 사람을 살해한 자신을 죄수 다루듯 대우하는 것을 들어 관리를 꾸짖었다.
- 신문 수사를 구경 온 사람들을 향해 자신을 본받으라고 크게 외쳤다.
- 면회 오는 사람들이 보낸 음식을 다른 죄수들과 나누어 먹었다.

📍 김구 선생님은 _____

_____

_____

2 다음 중 113쪽의 자료를 참고하여 바른 내용에는 ○, 바르지 않은 내용에는 ✕해 봅시다.

내용	
『백범일지』는 다른 사람이 백범 김구 선생님의 일대기를 쓴 전기문입니다.	
김구 선생님의 어린 시절 이름은 창암입니다.	
김구 선생님은 서당 공부를 하고 시험을 봐서 합격해서 나라의 관리가 되었습니다.	
김구 선생님은 40살이 넘어서 상해 임시 정부로 갔습니다.	
김구 선생님은 이봉창 의사가 일왕에게 수류탄을 던질 수 있도록 뒤에서 도왔습니다.	
김구 선생님은 윤봉길 의사가 폭탄을 던질 수 있도록 도왔습니다.	
김구 선생님은 미국에서 독립 자금을 많이 모았지만 주로 미국에서 활동하며 거의 다 썼습니다.	
김구 선생님은 어떤 나라도 우리 스스로를 대신해 다스릴 수는 없다고 생각했습니다.	

생각 퍼뜨리기

1 나라를 사랑하는 마음을 갖고 나라를 위해 목숨을 바친 분들께 감사의 편지를 써 봅시다.

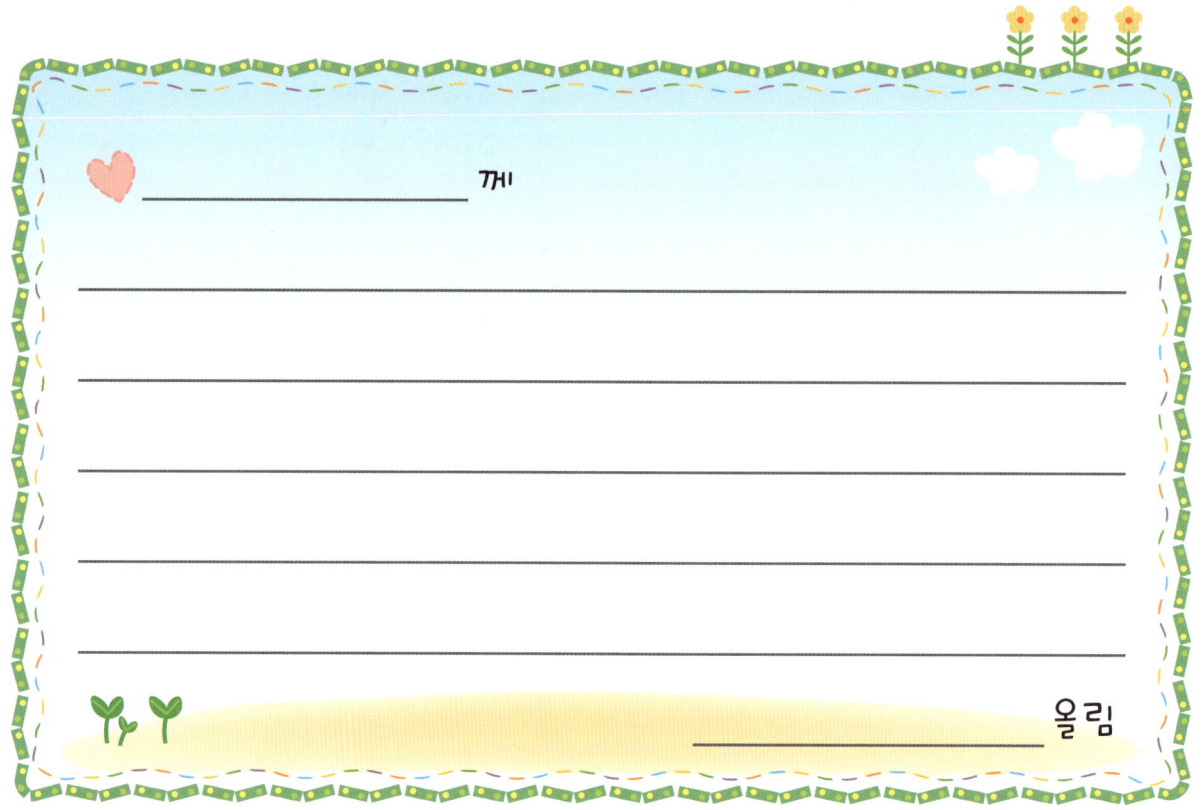

2 자신이 할 수 있는 나라 사랑의 방법을 쓰고 실천해 봅시다.

실천: 20 년 월 일	실천: 20 년 월 일
실천: 20 년 월 일	실천: 20 년 월 일

D-2 나라를 사랑하는 마음

공부한 날 _____년 _____월 _____일

공부할 문제 '영화 감상문'을 읽고 나라 사랑의 마음을 생각하고, 영화 감상문을 써 봅시다.

생각틔우기 • 118
영화에 관한 배경지식을 익히고, 영화 감상문의 구성 알기

생각키우기 • 120
'국제시장 영화 감상문'을 읽고 내용 파악하기

생각피우기 • 123
영화 '국제시장'을 보고 난 생각이나 느낌을 정리하고 영화 감상문 쓰기

생각퍼뜨리기 • 125
애국과 관련된 영화를 알아보고 영화 소개 포스터 만들기

CJ E&M 제공

생각 틔우기

배경지식

1 다음 빈칸에 알맞은 낱말을 •보기•에서 찾아 써 봅시다.

영화 ☐☐☐ 이란 영화를 본 뒤 느낀 생각이나 내용에 대한 감상 등을 형식에 구애받지 않고 자연스럽게 작성한 글을 말합니다.

•보기•
감동문, 감상문, 감정문, 감격문

2 다음을 보고 알맞은 것끼리 선으로 이어 봅시다.

공상 과학 영화 •	• 움직이는 만화
코미디 영화 •	• 주로 격투나 총격, 자동차 추격 등 액션이 많이 나오는 영화
액션 영화 •	• 관객들로 하여금 웃음과 즐거움을 끌어 내기 위해 제작된 영화
판타지 영화 •	• 현실 세계보다는 미지의 존재하지 않는 판타지 세상을 그린 영화
애니메이션 •	• 외계인이나 우주 여행, 전쟁, 시간 여행 등 현실에서는 이루어질 수 없는 소재를 주로 다룬 영화

3 영화 감상의 좋은 점은 무엇인지 생각하여 써 봅시다.

_____

배경 지식

4 좋은 영화를 고르는 방법을 생각해 보고 알맞은 것끼리 선으로 이어 봅시다.

인터넷으로 영화 검색하기	•	•	영화 포스터를 보고 결정합니다.
영화를 본 사람들의 경험담 듣기	•	•	영화를 미리 본 사람의 경험을 듣습니다.
영화 포스터 보기	•	•	인터넷으로 영화를 검색해서 알아봅니다.
감독 및 주인공 파악하기	•	•	자신이 좋아하는 감독 및 주인공의 영화를 고릅니다.

요즈음은 여러 가지 방법으로 원하는 영화를 골라 볼 수 있습니다.

5 요즈음은 영화를 감상하는 방법이 다양합니다. 어떻게 영화를 볼 수 있는지 써 봅시다.

_____

6 영화 감상문을 쓰는 차례에 맞게 «보기»에서 골라 빈칸에 들어갈 말을 써 봅시다.

제목	자신의 생각을 잘 표현할 수 있는 내용으로 제목을 정합니다.
	이 영화를 어떻게 보게 되었는지 씁니다.
	전반적인 줄거리를 씁니다.
	영화를 다 본 뒤 느낀 점을 씁니다.
자신에게 미친 영향	영화를 보고 나서 어떤 생각의 변화가 생겼는지 등을 씁니다.

«보기»
전체 줄거리, 접하게 된 동기, 생각이나 느낌

1 다음 영화 감상문을 읽어 봅시다.

힘들게 살아온 우리의 할아버지들
– 영화 〈국제시장〉을 보고

　〈국제시장〉은 우리나라에서 손꼽힐 만큼 많은 사람이 본 한국 영화라고 한다. 1400만 관객이 넘게 봤다고 하니 어마어마하다. 선생님께서 나라 사랑에 대해 말씀을 하시면서, 부모님과 함께 〈국제시장〉을 한번 보는 게 어떻겠냐고 말씀하셨다. 마침 이번 연휴에 TV에서 방영해 준다고 하였다. 부모님께서는 이미 보셨는데 다시 보고 싶다고 하시며 나와 함께 보셨다.

'국제시장'의 모습

'흥남 철수' 장면 ① (국가보훈처 제공)

'흥남 철수' 장면 ② (국가보훈처 제공)

'흥남 철수' 장면 ③ (국가보훈처 제공)

이런 말 이런 뜻
철수: 진출하였던 곳에서 시설이나 장비 따위를 거두어 가지고 물러남.
부두: 배를 대어 사람과 짐이 뭍으로 오르내릴 수 있도록 만들어 놓은 곳.
피란민: 난리를 피하여 가는 백성.

　영화는 흥남 철수를 기억하는 것으로 시작한다. 흥남 철수는 1950년 6.25 전쟁 당시 작전 중이던 미군 부대가 흥남 부두를 통해 10만 명에 가까운 수많은 사람들을 남쪽으로 대피시킨 일을 말한다. 메레디스 빅토리 호에 1만 4000여 명의 피란민을 태웠다 하니 놀라웠다. 흥남 철수 당시 마지막 배인 메레디스 빅토리 호에 올라타기 위해 수많은 사람들이 항구에 몰려들었고, 그 배를 타는 과정에서 아버지, 여동생과 헤어진 덕수 가족의 모습은 이별을 하게 된 가족들의 슬픈 역사를 보여 준다.

내용 파악하기

1 흥남 철수 당시 마지막 배의 이름은 무엇인지 써 봅시다.

_____

'꽃분이네' 가게의 모습

   메레디스 빅토리 호를 타고 부산으로 피난을 오게 된 덕수는 고모가 운영하는 부산 국제시장의 '꽃분이네'에서 수입 잡화를 팔며 가족의 생계를 책임졌다.

   그때 머리 좋은 남동생의 서울대학교 입학금이며 등록금 등이 필요한 형편에서 고민하던 중 달구의 제안을 받아들여 광부 선발에 참여한다. 덕수와 같은 많은 젊은이들은 높은 수입이 보장되는 서독으로 광부나 간호사 같은 일자리를 찾아 떠났다. 100대 1이 넘는 엄청난 경쟁률을 뚫고 덕수는 결국 광부로 가게 되었고, 덕수를 비롯한 광부들은 위험이 도사리는 지하 1,000m의 막장에서 힘든 노동에 시달렸다. 이때 한국에서 서독으로 간 간호사들의 주된 업무는 시체를 닦는 일이었을 정도로 병원의 힘든 일을 도맡았다. 그곳에서 덕수는 영자를 만나 사랑에 빠지게 되고, 결국 함께 한국으로 돌아와 결혼하게 된다.

이런 말 이런 뜻
생계: 살림을 살아 나갈 방도. 또는 현재 살림을 살아가고 있는 형편.
서독: 독일의 서부 지역에 있던 연방 공화국. 1990년에 동독과 통합하여 독일 연방 공화국을 이룸.
막장: 광산에서, 갱 안에 뚫어 놓은 막다른 곳.

우리나라 사람들이 서독 광부로 일하는 모습
(EBS 제공)

우리나라 간호원들이 서독으로 떠나는 모습
(국가기록원 제공)

2 덕수가 서독으로 간 까닭은 무엇인지 써 봅시다.

_____

_____

D 나라 사랑 큰나무 **121**

생각 키우기

　덕수는 가게를 팔아 치우려고 하는 고모부 대신 '꽃분이네' 가게를 지키기 위해 빚을 지게 되었고, 이 빚을 갚으려고 전쟁이 한창이던 위험한 베트남으로 건너가 근로자로 일하게 되었다. 다리에 총을 맞는 등 베트남에서 죽을 뻔한 고비를 여러 번 넘기지만, 결국 살아 돌아왔다.

베트남 파병 군인의 모습 ①
(국가기록원 제공)

베트남 파병 군인의 모습 ②
(국가기록원 제공)

　이후 덕수는 헤어진 아버지와 동생을 찾기 위해 이산가족 찾기 프로그램에 직접 나가기도 하였다. 비록 아버지를 찾는 데는 실패하였지만, 외국 어느 가정에 입양된 동생 막순이를 찾고 나서 눈물을 흘리며 다시 만나게 되었다.

　〈국제시장〉은 덕수와 영자를 통해 자신들의 꿈은 뒤로하고 온전히 가족들을 위해 우리나라와 외국을 가리지 않고 열심히 일한 우리의 할아버지, 할머니들의 삶을 되돌아볼 수 있게 해 준 영화이다.

　이 영화를 보고 나서 우리나라의 현실에 불평불만이 많았던 나의 모습을 반성하게 되었다. 이렇게 우리가 잘살 수 있었던 배경에는 가족과 나라를 위해서 열심히 일하고 노력한 우리의 할아버지들의 희생이 있었다는 것을 알게 되었다. 가족을 위해, 나라를 위해 평생을 희생하신 그분들에게 감사하는 마음이 절로 생기게 되었다.

이런 말 이런 뜻
이산가족: 남북 분단 따위의 사정으로 이리저리 흩어져서 서로 소식을 모르는 가족.

3 사건이 일어난 순서에 맞게 1~6까지의 번호를 써 봅시다.

내용	순서
흥남 철수가 이루어졌다.	
덕수와 영자가 결혼하였다.	
덕수가 베트남에 일하러 갔다.	
덕수가 서독 광부로 일하러 갔다.	
덕수가 동생 막순이를 만나게 되었다.	
덕수가 고모네 꽃분이네 가게에서 일하였다.	

생각 피우기

1 영화 〈국제시장〉을 가족과 함께 보고, 다음의 장면에 대한 자신의 생각이나 느낌을 써 봅시다.

장면	자신의 생각이나 느낌
흥남 철수가 이루어진 장면	
꽃분이네 가게 간판을 다는 장면	
덕수와 영자가 서독에서 광부와 간호사로 힘들게 일하는 장면	
이산가족을 찾는 장면	

2 자신이 본 영화를 떠올려 봅니다. 그중에서 가장 기억에 남는 장면을 간략하게 쓰고, 생각이나 느낌을 써 봅시다.

영화 제목	장면	자신의 생각이나 느낌

생각 피우기

3 123쪽의 2 에서 떠올린 생각이나 느낌을 바탕으로 하여 영화 감상문을 써 봅시다.

〈제목〉

〈접하게 된 동기〉

〈전체 줄거리〉

〈생각이나 느낌〉

〈자신에게 미친 영향〉

영화 감상문을 쓸 때에는 영화를 접하게 된 동기, 전체 줄거리, 생각이나 느낌, 자신에게 미친 영향 등이 드러나게 씁니다.

4 영화 감상문을 친구들과 함께 돌려 읽어 보고, 친구들의 생각이나 느낌을 간단하게 정리해 봅시다.

친구 이름	생각이나 느낌

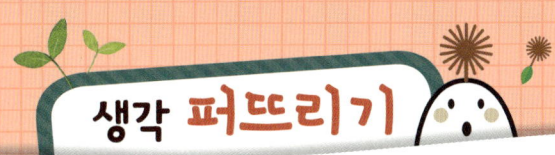

1 '애국'과 관련된 영화의 줄거리를 알아봅시다.

제목	내용
암살	1933년 조국이 사라진 시대 대한민국 임시 정부는 일본 측에 노출되지 않은 세 명을 암살 작전에 지목합니다. 한국 독립군 저격수인 육군 상병 안옥윤, 신흥 무관 학교 출신 속사포, 폭탄 전문가 황덕삼 세 명의 이야기가 펼쳐집니다.
연평해전	2002년 6월 29일, 연평도 앞바다에서 벌어진 비극인 제2연평해전 실화를 바탕으로, 나라를 위해 굳건한 용기와 책임을 보여 준 대한민국 해군의 젊은 참수리 357호 정 승조원들의 이야기를 다룬 영화입니다.
고지전	1953년 2월, 휴전 협상이 난항을 거듭하는 가운데, 교착전이 한창인 동부 전선 최전방 격전지 애록고지에서 벌어지는 이야기입니다.
태극기 휘날리며	6.25 전쟁의 소용돌이에 휘말린 두 형제의 비극적 운명과 형제애를 그린 영화입니다.
포화속으로	6.25 전쟁 당시 북한군에 의해 이미 더 이상 물러설 곳이 없었던 남측이 연합군의 도착을 기다리며 총과 폭탄 속에서도 끝까지 낙동강 전선을 사수하는 내용의 영화입니다.

영화는 꼭 부모님의 지도하에 시청해야 합니다.

2 '애국'과 관련된 영화를 보고 친구에게 소개하는 영화 포스터를 그려 봅시다.

D-3 친일파의 재산이라도 보호해야 하는가

공부한 날 _____ 년 _____ 월 _____ 일

공부할 문제 '친일파의 재산이라도 보호해야 하는가'에 대한 자신의 의견을 주장하여 봅시다.

생각틔우기 • 127
을사오적에 대해 알아보고 친일파와 독립운동가의 삶에 대해 생각하기

생각키우기 • 130
사례를 통해 애국의 의미 생각하고 논술 주제 찾기

생각피우기 • 131
자신의 생각을 정리하여 글쓰기 준비하기

생각퍼뜨리기 • 134
주장하는 글을 쓰고 독립 유공자의 처우에 대해 생각하기

생각 틔우기

1 다음 그림을 보고 친일파와 독립운동가의 삶에 대해 생각해 보고, 물음에 답해 봅시다.

1 그림 가 에서 친일파는 왜 웃고 있을지 생각해 써 봅시다.

___

> 독립운동가 후예들의 어려운 삶에 대해 조사해 봅시다.

2 그림 나 에서 독립운동가 가족들은 왜 울고 있을지 생각해 써 봅시다.

___

3 친일파는 왜 돈을 많이 모을 수 있었을지 생각해 써 봅시다.

___

___

4 독립운동가들은 왜 가난한 삶을 살 수 밖에 없었을지 생각해 써 봅시다.

___

___

5 그림 가, 나 를 보고 생각하거나 느낀 점을 써 봅시다.

1 다음은 대표적인 친일파인 '을사오적'에 대한 설명입니다. 이들이 우리나라에 했던 행동을 알아봅시다.

이완용

일본에 나라를 팔아넘긴 최악의 매국노로 불립니다. 고종을 협박하여 을사조약 체결과 서명을 주도했고, 의정부를 내각으로 고친 뒤 내각 총리 대신이 되었습니다. 이재명 의사로부터 공격을 당했으나 목숨을 건졌습니다.

박제순

외부 대신으로 을사조약 체결에 참여하였습니다. 조선의 경찰권을 일본에 넘겨주었고 그해 8월 한일 합병 조약에 서명하였습니다. 중추원의 고문이 되어 일제로부터 수당을 받았습니다.

이지용

1904년 2월 외부 대신으로 일본 공사 하야시와 한일 의정서를 조인했습니다. 1905년에 내부 대신으로 한일 합병 조약에 찬성하여 을사오적의 하나가 되었습니다. 한일 합병이 되자 중추원 고문에 임명되었습니다.

이근택

1905년 군부 대신으로 있을 때 을사조약 체결에 찬성하였습니다. 한일 합병 조약에 협조하여 일본 정부로부터 훈1등 자작 작위를 받고 조선 총독부 중추원의 고문에 임명되어 호화로운 생활을 누렸습니다.

'을사오적'이란 조선 말기 일제의 조선 침략 과정에서, 일제가 1905년 을사조약을 강제 체결할 당시, 한국 측 대신 가운데 조약에 찬성하여 서명한 다섯 매국노를 말합니다.

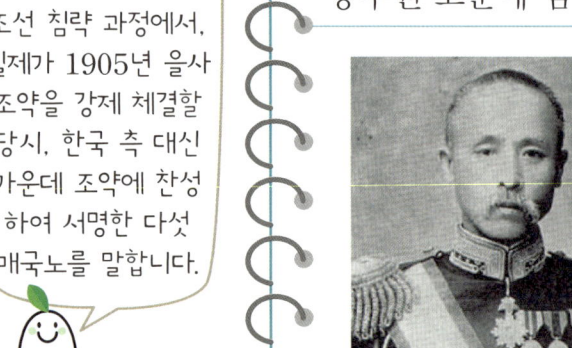

권중현

농상공부 대신으로서 한일 합병 조약에 찬성하였습니다. 한일 합병 조약이 체결된 뒤에는 일본 정부로부터 훈1등 자작 작위를 받았고, 조선 총독부 중추원과 조선사 편수회의 고문 등을 맡으며 호화로운 생활을 하였습니다.

2 다음 그래프를 보고 독립 유공자의 삶에 대해 확인해 봅시다.

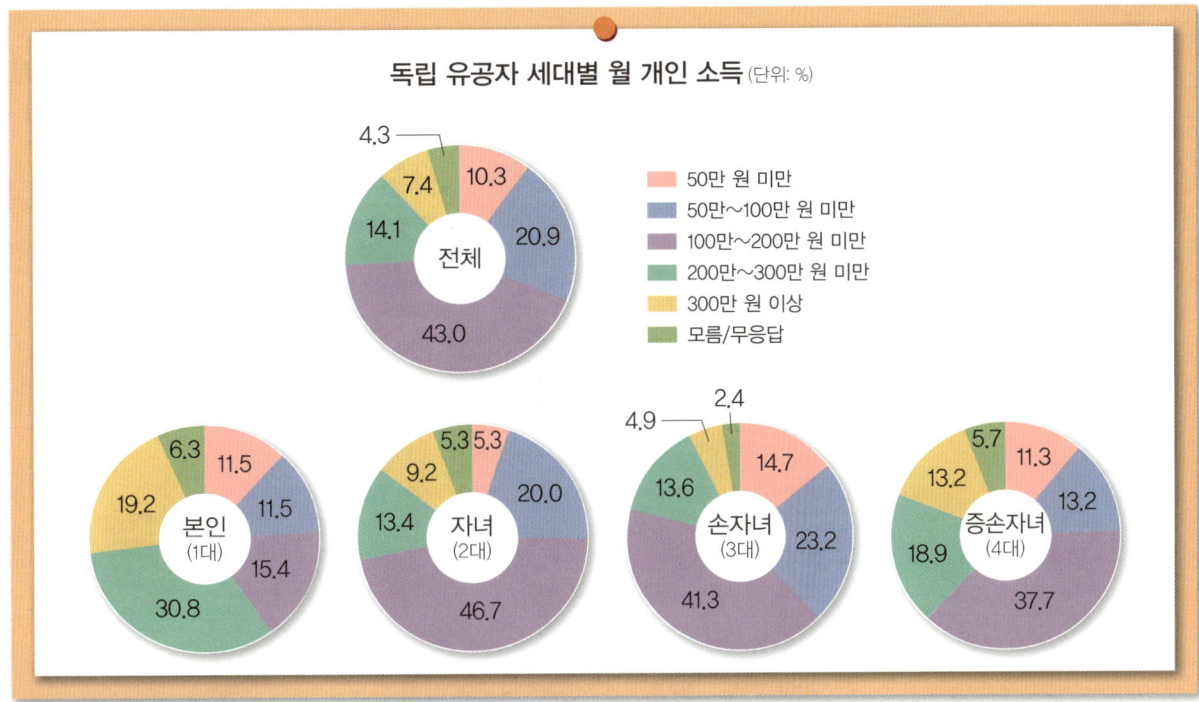

- 전체 독립 유공자 세대별 월 개인 소득이 가장 많은 구간은 어디인가요? (   )

  ① 50만 원 미만 ② 50만~100만 원 미만
  ③ 100만~200만 원 미만 ④ 200만~300만 원 미만
  ⑤ 300만 원 이상

3 친일파가 우리나라에 한 행동에는 '친'을, 독립운동가가 한 행동에는 '독'을 써 봅시다.

대한민국 임시 정부를 세웠습니다.	
일본과 하나가 되어야 한다는 글을 썼습니다.	
우리나라의 자주독립을 위해 목숨을 걸고 노력했습니다.	
태평양 전쟁에서 일본을 위해 군인으로 참가하자고 앞장서서 말하였습니다.	
일제의 앞잡이가 되어 강제로 재산을 빼앗는 데 적극적인 태도를 보였습니다.	
우리 말과 글을 쓰지 못하게 하는 데 가담하고, 본인의 이름을 일본식 이름으로 바꾸었습니다.	

생각 키우기

문제 알기

1. 다음 글을 읽고 논술 주제에 대해 생각해 봅시다.

한국일보(2015. 10. 25. 배계규) 제공

국가와 민족을 일본에 팔아넘긴 대가는 무엇일까요?

"호랑이는 죽어 가죽을 남기고, 사람은 죽어서 이름을 남긴다."라는 선인들의 말씀이 있었지만, 21세기 대한민국에서는 일본에 나라를 팔아먹은 후손들에게까지도 '사유 재산권 보호'라는 이름으로 이들의 재산을 강하게 보호해 주고 있습니다.

민족을 팔아넘긴 당사자들은 일제로부터 봉토·은사금과 더불어 후작, 남작, 백작 등의 귀족 칭호를 받았고, 그 후손들은 조상의 친일 대가로 얻은 땅에 대해 소유권을 주장하고 있습니다. 이름은 간 데가 없지만, 나라를 팔아넘긴 대가는 사라지지 않고 있는 것입니다. 해방된 대한민국의 법률은 오히려 친일의 후손들이 역사의 격동기에 잃어버린 '잊혀진 땅'을 찾을 수 있는 기회를 제공하고 있습니다.

이런 말 이런 뜻
봉토: 임금이나 상전이 신하에게 땅을 선물로 주는 것.
은사금: 임금이나 상전이 신하에게 돈을 선물로 주는 것.
칭호: 이름을 붙임.
격동기: 사회의 발전이나 역사가 급격하게 움직이는 시기.

■ 일제 시대 때 나라를 팔아넘기는 데 큰 공을 세운 친일파에 대해 아시나요? 한편에서는 그 후손들의 재산을 몰수해야 한다는 목소리가 있습니다. 하지만 현실은 그렇지 않습니다. 이와 관련해서 논술 주제를 생각해 봅시다.

〈논술 주제〉

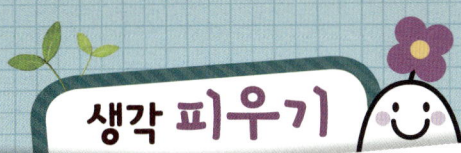

1. 130쪽 글을 읽고 논술 주제와 관련된 두 입장을 다음 표에 정리해 봅시다.

주장	친일파의 재산이라도 보호해야 한다.	친일파의 재산은 보호하지 말아야 한다.
그렇게 생각한 까닭	• 자기 재산은 어떠한 경우에도 보호해 주어야 한다. • •	• 나라를 팔아먹은 사람의 재산까지 보호할 필요는 없다. • •

사유 재산권 보호에서 어디까지를 인정하고 보호해 주어야 할지 생각해 봅시다.

2. 다음 상황에 대해 좋은 점과 좋지 않은 점을 각각 정리해 봅시다.

상황	좋은 점	좋지 않은 점
친일파의 재산이라도 보호해야 한다		
친일파의 재산은 보호하지 말아야 한다		

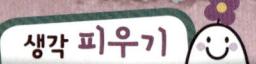

3. 131쪽의 활동을 통해 자신의 입장을 정하여 ◯하고, 그렇게 생각한 까닭을 써 봅시다.

나는 친일파의 재산을 (보호해야 한다, 보호하지 말아야 한다)고 생각한다.
왜냐하면 _____

4. '친일파의 재산이라도 보호해야 하는가'라는 주장에 찬성 쪽과 반대 쪽으로 나누어 친구들과 의견 나누기를 하고 의견을 정리하여 다음 표에 까닭과 함께 써 봅시다.

구분	친일파의 재산이라도 보호해야 하는가	
찬성 쪽	이름:	
	이름:	
	이름:	
반대 쪽	이름:	
	이름:	
	이름:	

1 다음 주제로 주장하는 글을 쓰려고 합니다. 주제에 알맞은 제목을 써 보고 자신의 생각을 간단하게 정리해 봅시다.

주제	친일파의 재산이라도 보호해야 하는가
제목	

처음 글을 쓰게 된 동기, 자신의 주장과 관련된 경험, 주변의 이야기 등으로 정리하기

가운데 자신의 주장과 주장을 뒷받침할 수 있는 근거를 분명하게 정하여 정리하기

주 장	
근거 1	
근거 2	

끝 처음과 연관 짓거나 자신의 주장을 요약하여 정리하기

D 나라 사랑 큰나무 **133**

생각 퍼뜨리기

글쓰기

1 133쪽에서 정리한 내용을 바탕으로 '친일파의 재산이라도 보호해야 하는가'에 대해 주장하는 글을 써 봅시다.

제목 《   》

처음

가운데

끝

> 글을 다 쓴 뒤에는 주장이 주장을 펴는 상황에 알맞은지, 주장을 뒷받침하는 근거가 옳은지 다시 한번 살펴봅니다.

1 다른 나라에서는 독립운동가나 그의 후손에 대해 어떤 대우를 해 주고 있는지 다음 글을 읽고 확인해 봅시다. 그리고 독립 유공자에 대한 처우를 어떻게 하는 것이 좋을지 말해 봅시다.

선진국들은 제도적으로 독립운동가 '지극정성 예우'

프랑스는 1939년 제2차 세계 대전 때 나라를 위해 목숨을 걸고 독립운동을 하던 레지스탕스들을 우대하며, 오늘날 제대 군인 청에서 그들을 위한 보훈 정책을 하고 있다. 이들을 기념하기 위해 전국적으로 100개 지부가 있으며, 여러 양로원과 보훈 병원은 아직 생존하고 있는 이들을 돌보고 있다. 유족에게는 연금과 경제적 지원뿐 아니라 공로에 대한 사회적 존경과 기념사업을 활발히 하여 예우를 갖춘 경외심을 보여 주고 있다. 반면 독일에 협조했던 행위나 부역 행위가 드러나면 주저 없이 처벌했다.

덴마크도 역시 독일 군에게 희생된 유공자와 유족을 지원하며 '영예의 선물' 제도를 운영하고 있으며, 그들에게 의료 시설과 장비 및 특별한 우대를 하며 이들을 영원히 기념할 수 있는 사업을 활성화하고 있다.

미국의 보훈부 예산은 전체 예산의 약 3%가 되며, 유공자들의 사회 적응을 위해 재활 교육, 취업을 통한 자립을 돌봐 주고 사회 적응을 잘할 수 있도록 적극 돕고 있다.

이렇듯이 미국과 유럽의 여러 국가들은 실질적 보상과 함께 예우·기념사업 중심의 보훈 정책을 실시하고 있다. 이러한 이유로 나라의 독립을 위해 목숨뿐 아니라 재산과 가족을 내놓았던 훌륭한 조상을 둔 자손들이 그 덕을 이어 정치와 사회, 교육 및 경제 분야를 이끌고 있는 복지 국가이자 선진국이 될 수 있었던 것이다.

이는 나라를 위해 희생한 사람들이 제대로 대우를 받아야 사회 정의가 바로 설 수 있다는 확고한 의지에서 온 것이다. 그러므로 과거사를 철저하게 조사하고 반국가적인 죄를 진 사람의 죄를 묻고, 독립 유공자를 위한 높은 수준의 보훈 정책을 실시하는 것은 나라를 선진국으로 이끄는 일이다. 이를 자랑스럽게 생각하며 자라난 후손들은, 혹시라도 후에 나라가 다시 곤경에 빠질 때 목숨을 걸고 정의를 위해 다시 일어날 것이기 때문이다.

김영실 박사(일요주간 2014. 5. 28.)

이런 말 이런 뜻
보훈: 나라나 회사를 위하여 두드러지게 세운 공로에 보답함.
부역: 국가나 공공 단체가 특정한 공익사업을 위하여 보수 없이 국민에게 의무적으로 책임을 지우는 일.

A 나의 사랑, 부모님

A-1 우주 최강의 가족

9쪽 배경지식

1. 1 아들이 아버지를 업고 있는 모습
   2 부모를 잘 섬기는 도리. 또는 부모를 정성껏 잘 섬기는 일.
2. **어머니 마음** 기르실, 진 자리 마른 자리, 넓다(높다), 어머님의 희생
   어머님 은혜 하늘, 높은 게, 높은

10쪽 낱말 익히기

1. 출근, 풀풀, 주스, 이따가, 편찮다
2. 싱그럽다

11쪽 예측하기

1. 1 ⓔ 엄마가 아빠와 아이들과 즐겁게 식사를 준비하는 모습
   2 ⓔ 식구들 모두 즐겁고 행복해 보인다.
   3 ⓔ 가족들이 화목하면 좋다. / 무슨 일이든 함께 나누어 하면 힘들지 않고 즐겁게 할 수 있다. / 가족 간에는 서로 도와야 한다.

12쪽 내용 파악하기

1. 아이들(민주, 민찬)
2. ⓔ 바쁜 엄마를 도와 드린다. / 식탁 차리는 것을 돕는다.

13쪽 내용 파악하기

3. 할아버지께서 편찮으셔서
4. ⓔ 마음대로 놀아야겠다. / 게임을 실컷 해야지. / 텔레비전을 하루 종일 봐야지.

14쪽 내용 파악하기

5. 점심 때까지 신나게 텔레비전을 보고 게임을 했다.
6. 엄마가 써 놓은 메모

15쪽 내용 정리하기

1. (다), (라), (마), (나)
2. 1 ⓔ 아이고, 엄마 힘들 거라고 정리를 다 해 놓았네. 정말 고맙구나.
   2 ⓔ 엄마가 잠시 집을 비우면 이렇게 엉망이 되는구나. 에휴, 속상해라.

16쪽 느낌·생각

1. ⓔ 민주, 민찬이가 서로를 아끼고 사랑하는 자신의 가족을 우주 최강의 가족이라고 표현하였기 때문이다. / 민주, 민찬이네 가족이 서로 사랑하고 위하는 마음이 우주 최강이기 때문이다.

2. ⓔ

때	우리 엄마
아침	한 번 깨울 때 바로 일어나 주겠니?
점심	급식 시간에 나오는 음식을 골고루 맛있게 먹어라.
집에서 쉴 때	휴대 전화만 너무 많이 보지 말고 책도 좀 읽으렴.

3. ⓔ 엄마, 아빠와의 약속을 잘 지켜야 할 것 같아. 바쁘신 엄마, 아빠를 위해 각자 자기가 해야 할 일도 열심히 하고 말이야. 그리고 가끔씩 엄마의 집안일도 도와 드리면

17쪽 창의성

1. 제시된 집안일을 하는 사람을 각각 써 본다.
   그 외의 집안일의 ⓔ 빨래 널기, 이불 개기, 걸레질, 커피 내리기, 신발장 정리

2. ⓔ

하는 일				
	○			
	○			
	○			
	○			
	○	○		
○	○	○	○	
○	○	○	○	
우리 가족	나	엄마	아빠	동생

18쪽 창의성

3. ⓔ
내가 할 수 있는 일	신발장 정리하기, 내 방 청소
나의 다짐	작심삼일로 끝나지 않고 꾸준히 실천하겠습니다.

4. ⓔ 나라면 엄마는 너희들이 숙제도 하고, 사이좋게 잘 지내고 있을 거라고 믿는다는 말을 남겼을 것이다. 왜냐하면 항상 자식을 믿는 마음을 가지고 있다는 것을 보여 주고 싶기 때문이다.

5. ⓔ 나의 사랑하는 딸에게
   엄마는 무엇보다 네가 항상 밝고 건강하게 자라나 주면 좋겠구나. 그리고 한 가지 더 작은 바람이 있다면 자기 방 청소는 스스로 하는 딸이 되어 주면 참 고맙겠어.
   – 사랑하는 엄마가 –

19쪽 **작품화 하기**

1 ㉠ – 저녁
– 돼지 삼 형제의 방
– 우리가 도울 수 있는 일을 조금씩 나누어 역할 분담을 하면 어떨까?
– 좀 더 상냥하고 부드럽게 말씀드려야겠어. 마음을 편하게 해 드리는 것도
– 꽃과 작은 케이크를 사다가 노래를 불러 드리고 각자 정성이 담긴 편지를 써서 드리면

A-2 부모님께 드리는 상장

21쪽 **배경지식**

1 칭찬

2 ㉠
구분	칭찬 내용	그때의 기분
칭찬 받았어요	거실에 어질러 놓은 신문지를 정리해서 칭찬받았어요.	어깨가 으쓱해지는 기분이었어요.
칭찬해 주었어요	아빠께서 담배를 끊으셔서 꼭 안아 드렸어요.	아빠께 큰 선물을 드린 것 같아 뿌듯했어요.

3 ㉠ 칭찬은 (분홍빛)입니다. 왜냐하면 우리들의 마음을 포근하게 해 주기 때문입니다. / 칭찬은 (거름)입니다. '우리'라는 식물이 바르게 잘 자랄 수 있도록 도와주기 때문입니다.

22쪽 **배경지식**

4 칭찬, 칭찬
5 장점, 좋아집니다, 자신감, 노력

23쪽 **내용 파악하기**

1 가 : "여보, 당신은 꼭 성공할 거예요. 난 당신을 믿어요. 언젠가는 꿈을 이룰 거예요."
나 : "아들아, 너는 다른 아이와 다르단다. 네가 다른 아이와 같다면 너는 결코 천재가 될 수 없어."

24쪽 **내용 파악하기**

2 1 아내의 믿음과 응원 덕분에
2 너는 다른 아이와 다르기 때문에 천재가 될 수 있다고 하며 격려했다.
3 ㉠ 가족의 믿음과 칭찬이 사람을 성장시키고 발전시킨다.

4 ㉠
칭찬하는 대상	아인슈타인의 어머니
칭찬하는 말	선생님의 포기에도 굴하지 않고 아들을 끝까지 믿고 격려해 준 것이 정말 본받을 만해요.
칭찬하는 까닭	아들의 가능성과 미래를 믿고 끝까지 격려해 주었기 때문이에요.

25쪽 **느낌·생각**

1 1 어머니를 도와 수고를 덜어 드렸기 때문에 연실이를 칭찬합니다.
2 ㉠ 주영이가 아버지가 하실 일을 대신 하였기 때문에 칭찬합니다.
3 ㉠ 진석이가 스스로 자기 할 일을 하여 부모님을 기쁘게 해 드렸기 때문에 칭찬합니다.
4 ㉠  밥상 차리기를 도와 드리는 나 ➡ 밥상 차리기를 하여 엄마를 도와 드렸기 때문에 스스로 칭찬합니다.

26쪽 **창의성**

1 ㉠ 부모님께서 더 행복해지실 것이다.
2 ㉠
칭찬하는 대상	아빠
칭찬하는 말	아빠께서 우리의 건강을 위해 노력해 주심을 칭찬합니다.
칭찬하는 까닭	아빠께서는 아침마다 우리를 데리고 나가 줄넘기를 함께 하며 운동을 시켜 주시기 때문입니다.

3 ㉠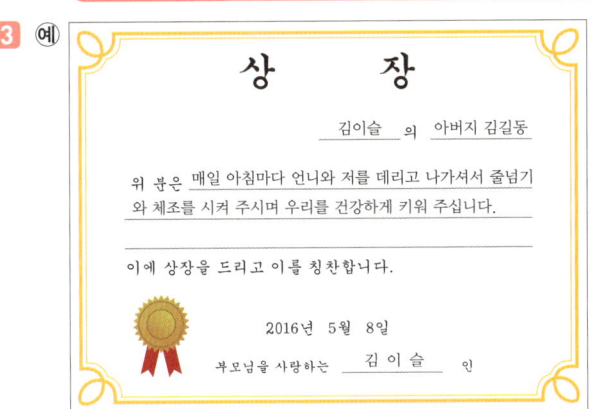

27쪽 **작품화 하기**

1 ㉠ 사랑하는 큰 딸에게
아침마다 바쁜 엄마, 아빠를 도와 밥상 차리기를 도와주니 엄마는 얼마나 고마운지 모른단다. 늘 의젓하고 다른 사람을 배려할 줄 아는 우리 큰 딸을 칭찬합니다!

2 ⑩ 카네이션(그림 생략) / 엄마, 써 주신 글을 읽으니 어깨가 으쓱해져요. 그래서 엄마 기분 좋으시라고 카네이션을 한 송이 선물하고 싶어요. 이 꽃을 보시면서 제가 엄마를 얼마나 사랑하는지 알아주시면 좋겠어요.

A-3 늙으신 부모님을 모시고 살아야 하는가

29쪽 배경지식

1 부모, 효성

30쪽 배경지식

2 불효, 자식, 자식, 어버이, 효도

3 ⑩ 내 자식들이 해 주기 바라는 것과 똑같이 네 부모에게 행하라.(소크라테스) / 부모님이 살아 계실 때는 되도록 멀리 가지 말아야 하며, 부득이 멀리 떠날 때는 가는 곳을 분명히 알려 드려야 한다.(논어)/ 효성이 지극하면 돌 위에 풀이 난다.

31쪽 배경지식

4 각자 효도 지수를 평가하여 총점을 표시하고 자신은 어떤 자녀인지 생각해 본다.

5 ⑩ 늙으신 어머니를 떠나 살게 되어서 안타까운 마음이었을 것이다.

32쪽 문제 알기

1 1 할머니
  2 ⑩ 할머니께 불효한 것을 후회할 것이다.

33쪽 문제 알기

2 ⑩ 늙으신 부모님을 모시고 살아야 하는가

3 ⑩ **가**의 경우, 자식들이 돌아가면서 모신다. / **나**의 경우, 모시지는 못하더라도 결혼 후 자주 찾아가 뵈면서 보살펴 드린다.

34쪽 문제 해결 방법 알기

1 1 높게
  2 1
  3 관심

35쪽 문제 해결 방법 알기

2 어머니, ⑩ 모시고 / 함께

36쪽 문제 해결하기

1 ⑩ 저는 ( )의 의견에 동의합니다. 왜냐하면 그동안 어머니께서 희생하신 것에 보답하며 외롭지 않게 모시고 사는 것이 자식의 도리이기 때문입니다. / 저는 ( )의 의견에 동의합니다. 왜냐하면 어머니를 모시고 살면 가족의 희생이 필요하고, 오히려 같이 살기 싫은 마음에 친절하지 못한 말과 행동으로 어머니께 상처를 드릴 수 있기 때문입니다.

2 ⑩

상황	좋은 점	좋지 않은 점
늙으신 부모님을 모시고 산다	부모님이 외롭지 않다. / 마음이 떳떳하다.	상대편 배우자(며느리, 또는 사위)가 싫어할 수 있다.
늙으신 부모님을 모시고 살지 않는다	어른을 늘 모시느라 생기는 불편함을 감수하지 않아도 된다.	외롭게 돌아가시면 평생 후회하게 될 수 있다.

3 ⑩ ■ 자신의 입장: 자녀가 부모님을 외롭지 않게 모시고 살아야 한다.
  ■ 그렇게 생각한 까닭: 부모님이 희생하며 자녀를 키우셨기 때문에 보답해야 한다.
  ⑩ ■ 자신의 입장: 부모님을 꼭 모시고 살 필요는 없다.
  ■ 그렇게 생각한 까닭: 마음속으로 불편해하면서 모시고 사는 것보다 자주 만나 잘해 드리는 것이 더 낫다고 생각하기 때문이다.

37쪽 초고 쓰기

1 제목 ⑩ 부모님을 모시는 것이 진정한 효도

처음	⑩ '반포지효' 이야기를 통해 까마귀의 은혜 갚기와 비교하기
가운데	주장: 부모님을 모시고 사는 것이 진정한 효도의 길 근거: 첫째, 길러 주신 부모님의 보살핌에 보답하는 것이 당연하다. 둘째, 혼자 사는 어른들은 몸과 마음이 빨리 약해지고, 요즈음 홀로 죽음을 맞이하는 노인들의 수가 점점 늘어나고 있다.
끝	⑩ 늙으신 부모님을 모시는 것은 자녀의 마땅한 도리이고 진정한 효도이다.

38쪽 글쓰기

1 ⑩ 제목 〈부모님을 모시는 것이 진정한 효도〉
  처음 까마귀는 어미 까마귀가 늙고 힘이 없어지면 먹이를 물어다 주며 어미를 보살핀다고 한다. 자녀가 그 부모님이 늙으신 후 보살펴 드리는 것도 이와 같아야 한다고 생각한다.

가운데 나는 늙으신 부모님을 모시고 잘 보살펴 드리는 것이 진정한 효도라고 생각한다. 낳아 주시고 길러 주신 부모님께 보답하는 것은 당연한 일이다. 그리고 요즈음 노인 문제가 심각해지고 있는 상황에서 혼자 사시는 어른들은 빨리 약해지시고, 홀로 죽음을 맞이하는 분들도 점점 늘어난다고 하니 늙으신 부모님을 정성껏 섬기며 모시고 사는 것이 꼭 필요한 일이라고 생각한다.

끝 효도란 부모님을 정성껏 잘 섬기는 것이라고 볼 때, 늙으신 부모님을 모시며 자녀에게 올바른 본보기를 보여야 한다고 생각한다.

39쪽 작품화 하기

1 1 글에 어울리는 그림을 자유롭게 그려 본다.
   2 ㉠ 당신의 주름진 손, 이제 제가 잡아 드릴게요!

B 내 생활의 주인은 나

B-1 잔소리 폭탄

43쪽 배경지식

1 책임감

44쪽 낱말 익히기

1 1 휘둥그레지다, 뒤척이다, 으스러지다
   해방, 투덜거리다, 서러운

2 ㉠
   - 잔: 잔소리를 하시는 엄마에게서
   - 소: 소중한 자녀들이 올바른 길로 가게
   - 리: 이끌어 주시려는 마음을 느낀다.

45쪽 예측하기

1 1, 2 각자 답해 본다.
2 ㉠ 내가 형편없는 사람 같아서 기분이 나쁘다. / 더 잘해야겠다는 생각이 든다. / 잘하려고 마음을 먹다가도 잔소리를 듣고 나면 하기 싫어진다.
3 1 ㉠ 숙제 빨리 해라.
   2 ㉠ 공부 잘해라.

3 ㉠ 아이가 속상할까 봐 걱정된다. / 아이와 사이가 안 좋아질까 봐 걱정된다.
4 ㉠ 아이에게 잔소리를 너무 많이 한 것을 반성하고 앞으로는 마음속에 참을 인 자를 세 번까지 새기고 난 뒤에 잔소리를 해야겠다는 생각을 할 것이다.

46쪽 내용 파악하기

1 경태가 엄마께 짜증을 내며 버릇없게 말해서
2 끝없이 잔소리를 하고, 무슨 일이든 다 안 된다고 하시는 것

47쪽 내용 파악하기

3 엄마와 아빠가 강원도 할머니 댁에 할머니를 모시러 가셨기 때문에
4 ㉠ 엄마의 잔소리에서 벗어나 경태의 말을 다 들어주는 은주 이모와 함께 지내면 무엇이든지 마음대로 할 수 있을 것 같아서

48쪽 내용 파악하기

5 ㉠
> **엄마의 잔소리**
> 다른 급한 일이 있거나 몸이 아프지 않으면 당연히 가야지. 이유도 없이 학원에 안 간다는 게 말이 되니?
> 스마트폰 들여다보면 눈 나빠진댔지? 토요일에 한 시간씩만 하기로 한 약속 잊었니? 경태 너 자꾸 이러면 엄마가 스마트폰 아예 가져가 버린다.
> 피자 먹으면 안 된다고 했지? 아토피 때문에 그렇게 고생을 하면서.

49쪽 내용 파악하기

6 ㉠ 이를 닦지 않아서 입 냄새가 나는 바람에 창피한 기분을 느꼈다. / 리코더를 가지고 가지 않아서 음악 시간이 지루하고 마음도 불편했다.
7 신호를 지키지 않아 차에 치일 뻔한 남자아이를 걱정하는 말을 한 뒤, 엄마도 그동안 잔소리가 아니라 나에 대해 걱정을 하셨던 것이 아닐까 하는 생각이 들었기 때문이다.

50쪽 내용 정리하기

1 〈주인공의 일상〉
- 잔소리, 해방, 소원
- 엄마, 맞장구

〈주인공의 변화된 생활〉
- 엄마와 아빠, 이모, 숙제, 준비물
- 걱정, 잔소리, 걱정

해답 **141**

51쪽 느낌·생각

1 예

인상적인 부분	경태가 엄마의 잔소리에 담긴 의미를 깨닫는 장면
그렇게 생각한 까닭	경태가 자신이 겪은 일을 그냥 지나치지 않고, 그동안 엄마의 말씀을 걱정이 아닌 잔소리 폭탄이라고 여기며 지겨워했던 행동과 연결해 곰곰이 생각한 점이 인상적이었다.

2 예 잔소리가 필요해 / 잔소리에 담긴 엄마의 걱정

3 예 제목: 엄마의 잔소리는 그냥 잔소리가 아니다

　오늘 정말 많은 일이 있었다. 찬용이한테 입에서 화장실 냄새가 난다는 말을 들었다. 몇 번 이를 안 닦았을 뿐인데 그렇게 냄새가 났나? 미나가 말을 거는데 입 냄새가 날까 봐 나도 모르게 입을 가리고 말을 했다. 또 리코더를 안 챙겨 가서 음악 시간에 바보처럼 우두커니 있었다. 음악 시간이 어서 지나가기를 얼마나 바랐는지 모른다.

　잔소리를 하시는 엄마가 안 계시고, 은주 이모는 내 얘기를 다 들어주는 바람에 자유롭게 지내면서 내 멋대로 행동하다가 나도 친구도 해를 입었다. 스스로 해야 할 일들을 잘 챙기면서 책임감 있게 행동한다는 것은 참 어려운 일이다. 그동안 엄마가 나에게 잔소리한 것이 그냥 잔소리가 아니였음을 깨닫게 되었다.

52쪽 창의성

1 책임, 자유롭게, 당황했어, 책임감, 잔소리 폭탄

2 예 엄마! 저 경태예요. 저는 엄마가 안 계시면 제 마음대로 행동할 수 있어서 좋을 줄만 알았어요. 그런데 엄마가 잔소리를 안 해 주시니 제가 할 일을 제대로 하지 못한다는 것을 알게 되었지요.

　사실 그동안 엄마의 잔소리를 '잔소리 폭탄'이라고 생각했어요. 그런데 곰곰이 생각해 보니 엄마가 저를 걱정해서 하신 말씀들을 제가 지겹게만 여겼던 것 같아요.

　엄마! 앞으로 저도 책임감 있게 행동하도록 노력할게요. 엄마가 잔소리를 하시기 전에 제가 무슨 일이든지 척척 잘할 수 있도록 노력할게요. 사랑해요, 엄마.

53쪽 작품화 하기

1 1, 2 자신이 하고 싶은 일을 자유롭게 생각해 계획표를 만들어 본다.

3 예 자유가 주어져도 시간을 효율적으로 사용하지 않으면 어영부영 소중한 시간을 흘려 보낼 것 같다. 지금 나에게 주어진 시간들을 보람 있는 시간으로 만들고 싶다.

B-2 책임감이 필요해

55쪽 배경지식

1 다른 사람, 대가 없이

2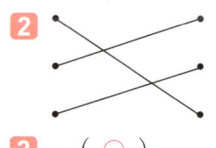

3
- (○)
- (×)
- (○)
- (×)

56쪽 배경지식

4 1 책임감, 봉사자

　2 〈처음〉 나는 얼마 전, ~ 많이 긴장이 되었다.
　〈가운데〉 책상도 변변찮은 낡은 교실에서 ~ 훌쩍 가버렸다.
　〈끝〉 학생 신분이 아닌 ~ 소중한 경험이었다.

5

처음	가운데	끝
	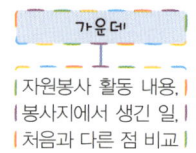	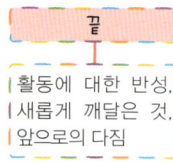
자원봉사를 하게 된 계기, 처음 생각, 소개, 첫 방문 느낌	자원봉사 활동 내용, 봉사지에서 생긴 일, 처음과 다른 점 비교	활동에 대한 반성, 새롭게 깨달은 것, 앞으로의 다짐

57쪽 내용 파악하기

1 1 요양원에 가서 그곳에 계시는 할아버지, 할머니들을 돌봐 드리는 봉사 활동을 한다.

　2 쉬는 날 늦잠도 못 자고, 친구 생일잔치에도 가지 못하게 된 것

58쪽 내용 파악하기

3 노랑 핀 할머니 옆에서 풀 뽑기를 도와 드리고 읽어 달라고 하시는 책 소리 내어 읽어 드리며 말동무 해 드리기

4 봉숭아 화분

5 예 할머니를 기다리시게 한 것에 대해 죄송해하고, 다음 주에 꼭 가겠다는 생각을 하였다.

59쪽 내용 정리하기

1 예

처음	• 토요일에 늦잠도 못 자고 친구의 생일잔치에도 못 가게 되어 골을 부림.
가운데	• 봉사 활동을 안 가고 친구 생일잔치에 가게 됨. • 맛있는 음식을 먹으며 신나게 먹고 놀다 옴. • 노랑 핀 할머니께서 보내신 봉숭아 화분을 보게 됨. • 봉숭아 물을 들이며 할머니께 죄송한 마음이 생김.
끝	• 봉숭아 화분을 보내 주신 것에 고맙다고 말씀드리겠다고 다짐함. • 나를 기다리는 할머니 생각에 나도 다음 봉사 활동 날이 기다려짐.

2 예 봉사 활동을 할 때에는 다른 사람의 마음을 생각하며 최선을 다해 활동에 참여해야겠다는 생각을 하게 되었다.

3 예

처음	우리 학교는 아침에 운동장과 학교 오는 길 주변을 청소한다.
가운데	친구들, 선생님과 집게를 들고 운동장을 돌며 쓰레기를 주웠다. 점점 깨끗해져서 기분이 좋았다. 학교 오가는 길에서 봉사 활동을 할 때 지나가시는 어른들이 "수고하는구나!" 하며 응원해 주셔서 어깨가 으쓱해졌다.
끝	가끔 늦게 가서 봉사 활동에 열심히 참여하지 못한 경우도 많았는데 이제 봉사하는 날에는 더 부지런히 집을 나서야겠다는 다짐을 하며 교실로 들어왔다.

60쪽 느낌·생각

1 ㉠ 예 "언덕 위 오른쪽 건물로 가시면 됩니다."
ㄴ 예 두 손을 주머니에서 빼서 오른쪽 건물을 공손히 가리키며 자세히 설명해 주었다.
ㄷ 예 선생님께 주의를 기울이고 있다가 의자에서 벌떡 일어나 빠른 걸음으로

61쪽 느낌·생각

2 예 자원봉사를 할 때에는 약속한 봉사 시간이 조금 넘어도 프로그램이 다 끝날 때까지 도와야 한다고 생각한다.

3 예 약속한 시간이 지났는데도 남아서 마무리를 해 주니 정말 고마워. 너는 책임감이 참 강한 아이구나!

4 예 오늘 봉사 활동을 할 때 프로그램이 끝나지 않았는데 나와서 다른 사람들에게 미안했다. 다음에는 좀 더 여유를 가지고 가서 끝까지 마무리를 해야겠다.

62쪽 창의성

1 1 각자 해 본다.

2 예

책임감 있는 <u>멋진 정준우</u> 가 되기 위하여 앞으로는 아침에 스스로 일어나고 등교 시간을 꼭 지키겠습니다.

B-3 어른들의 잔소리는 필요한가

64쪽 배경지식

1 1

2 예 눈이 아주 좋아진단다.

65쪽 배경지식

2 예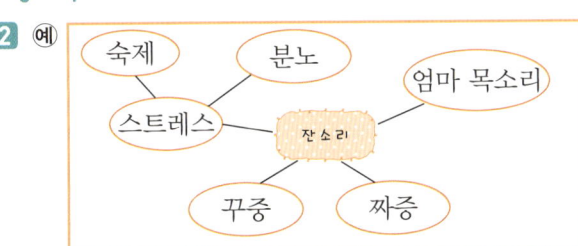

2

(㉠)　(ㄴ)　(ㄷ)

3 상대방, 옳지 않다고, 고치게 하려고

66쪽 느낌·생각

1 1 ♦ 친구들에 대한 불만(　)
♦ 엄마에 대한 서운함(　)
♦ 자기 자신에 대한 걱정(　)
♦ 자기 약속에 대한 책임감(○)

2 예 친구와의 약속을 지키기 위해 아침 일찍 집을 나섰다.

2 예　해냈어요!

〈자신의 경험〉 줄넘기 앞으로 넘기 200번을 목표로 연습해서 마침내 성공했어요.
〈그때의 느낌〉 목표로 한 일을 이루어 낸 나 스스로가 자랑스러웠어요.

해답 **143**

해답

포기했어요!
〈자신의 경험〉 줄넘기 2단 넘기를 목표로 연습하다가 도저히 안 되어 포기했어요.
〈그때의 느낌〉 예) 2단 넘기를 잘하는 친구들을 보면 부러웠고 포기한 것을 후회했어요.

67쪽 문제 알기

1. 어른들의 잔소리는 필요한가

68쪽 문제 해결하기

1.
	주장	그렇게 생각한 까닭
수영	어른들의 잔소리는 필요하다.	자신의 잘못을 알고 고치는 데 큰 도움이 되고, 문제가 생기는 것을 미리 예방할 수 있다.
도윤	어른들의 잔소리는 필요하지 않다.	스스로 결정하는 책임감 있는 어른으로 자랄 기회를 줘야 한다.

2. 예) – 수영, 잔소리는 바르게 성장하는 데 필요한 밑거름이기 때문이다.
– 도윤, 잔소리를 많이 들으면 자신감 없는 사람으로 자랄 수 있기 때문이다.

3.
상황	좋은 점	좋지 않은 점
잔소리를 듣는다	잘못된 행동을 고칠 수 있다.	잔소리를 듣고 있으면 기분이 좋지 않다.
잔소리를 듣지 않는다	잔소리를 듣지 않으면 기분이 상하지 않는다.	잘못된 행동을 계속할 수 있다.

69쪽 초고 쓰기

1. 예) 〈찬성 쪽〉
제목: 꼭 필요한 어른들의 잔소리
- **처음**: 아빠의 잔소리로 젓가락질을 잘하게 됨.
- **가운데**
  - 주장: 어른들의 잔소리는 꼭 필요함.
  - 근거1: 아이들이 스스로 책임감을 갖거나 옳은 것을 알아서 해내기는 어려움.
  - 근거2: 잔소리를 통해 길러진 바른 행동은 다른 사람들과 어울려 살아가는 데 꼭 필요함.
- **끝**: 어른들의 잔소리는 꼭 필요함. 잔소리를 사랑의 노래로 받아들이고 잘못된 행동을 고치도록 하면 좋겠음.

예) 〈반대 쪽〉
제목: 잔소리로 멀어지는 바른 길
- **처음**: 사춘기에 접어든 형에게 엄마가 매일 잔소리를 하지만, 더 말을 안 듣고 엄마와의 사이가 점점 더 멀어짐.
- **가운데**
  - 주장: 어른들의 잔소리는 필요하지 않음.
  - 근거1: 잔소리를 들을 때 잠깐 행동이 고쳐지는 듯할 수 있지만 자기 스스로 고쳐야 되겠다는 마음이 없으므로 근본적으로 고쳐지지 않고, 어른과의 관계만 더 안 좋아질 수 있음.
  - 근거2: 잔소리를 너무 많이 듣고 자라면 자존감이 약해져서 위축된 사람으로 자라나기 쉬움.
- **끝**: 어른들의 잔소리는 필요하지 않음. 잔소리보다는 아이가 스스로 바른 길로 나갈 수 있도록 꾸준한 관심과 믿음으로 지켜봐 주는 것이 필요함.

70쪽 글쓰기

1. 제목: 꼭 필요한 어른들의 잔소리

〈처음〉 저는 젓가락질이 서툴렀는데 아빠의 잔소리 덕분에 잘하게 되었습니다. 옆에서 계속 말씀하지 않으셨다면 아마 아직도 젓가락질을 제대로 하지 못할 것입니다.

〈가운데〉 저는 어른들의 잔소리가 꼭 필요하다고 생각합니다. 그 이유는 첫째, 아이들이 스스로 옳은 것을 찾아서 해내기는 어렵기 때문입니다. 아빠한테 밥 먹을 때마다 젓가락질을 못한다고 혼날 때는 너무 듣기 싫었지만 젓가락으로 콩 줍기 대회에서 우리 반 최고임을 인정받으니 아빠의 잔소리가 고맙게 여겨졌습니다.

둘째, 잔소리를 통해 길러진 바른 행동은 다른 사람들과 어울려 살아가는 데 꼭 필요하기 때문입니다. 요즈음은 어른인데도 자기만을 생각하고 잘못된 행동을 하는 사람이 너무 많다고 들었습니다. 어렸을 때부터 부모님의 지도 아래에 바른 사람이 되도록 노력해야 합니다.

〈끝〉 이와 같은 이유로 저는 어른들의 잔소리가 꼭 필요하다고 생각합니다. 잔소리를 부모님의 사랑의 노래로 받아들이고 잘못된 행동을 고치도록 하면 좋겠습니다.

71쪽 창의성

1. 예) 주인님, 주인님이랑 자동차 드라이브를 하는 줄 알고 좋아했는데 왜 저를 낯선 길 한가운데에 버리고 가셨나요? 무책임한 행동이라는 걸 모르셨나요? 저는 지금 동물 보호소에 갇혀 주인님이 저를 찾으러 오기를 기다리고 있어요. 저에 대한 책임감을 갖고 꼭 데리러 와 주세요.

C 작은 힘도 모이면 큰 힘

C-1 마음을 모아요

75쪽 마음 열기

1 1 ㉠ 모두가 함께 힘을 모아서 일을 한다는 것 / 협동의 중요성을 보여 주는 것

   2 협동

   3 – (○)
   – (   )
   – (○)
   – (○)

76쪽 낱말 익히기

1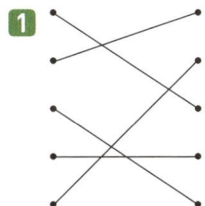

2 ㉠ 그 남자는 거친 파도에 뗏목이 <u>산산조각</u> 나는 모습을 물끄러미 지켜보았다.
  ㉠ 책상 위에 먼지가 <u>소복이</u> 쌓여 있다.

77쪽 예측하기

1 1 ㉠ 병원에 입원해 있다. 머리카락이 없는 것으로 봐서 어디가 다친 것이 아니라 병에 걸린 것 같다.

   2 ㉠ 입원해 있는 친구를 돕기 위해 학급 회의를 하고 있는 것 같다.

   3 ㉠ 친구들이 힘을 합쳐 입원해 있는 친구를 돕고, 결국 다시 건강해져서 학교에서 함께 즐겁게 생활할 것이다.

78쪽 내용 파악하기

1 친구들이 놀릴까 봐 가발을 쓰고, 눈썹을 그리고 다닌다.

79쪽 내용 파악하기

2 ㉠ 결석이 잦아 공부를 제대로 하지 못하는 점 / 숨이 차서 체육을 할 수 없는 점 / 갑갑한 가발을 쓰고 학교에 다니는 점

3 민수가 어느 곳에서든 조금이라도 행복하게 지낼 수 있도록 지혜와 힘을 모으자고 하셨다. / 다음 주 수요일까지 각자 민수를 도울 수 있는 반짝이는 생각을 해 오자고 하셨다.

80쪽 내용 파악하기

4 ㉠ 돈을 모아서 민수 부모님께 드린다. 병원비가 많이 들면 민수와 부모님 모두 힘들 것이기 때문이다.

5 친구들이 모두 민수의 학교생활을 어떻게 도울지가 아니라, 민수의 병원 생활을 어떻게 도울지에 관해서만 고민하여서

81쪽 내용 파악하기

6 1, 2학년 때 친구들과는 달리 민수에게 관심을 갖고 마음을 모아 도와주려는 모습에 고맙고 기특하게 생각하고 있다.

7 눈사람을 만들고 싶어 하는 민수의 마음을 짐작하고 친구들이 커다란 대야에 눈을 소복이 담아 병실로 찾아왔고, 선생님께서는 자그마한 눈사람을 만들어 가지고 오셨다.

82쪽 내용 정리하기

1 ㉠

원인	민수는 네 살 때 소아암에 걸렸다.

↓

결과	민수는 학교에 제대로 다니지 못한다.

원인	엉겁결에 모자가 벗겨졌는데 짓궂은 친구들이 민수에게 대머리라고 놀렸다.

↓

결과	민수는 초등학교 1학년 때 마음의 상처를 입었다.

원인	선생님과 친구들이 민수에게 편지를 모아 보내고, 자신들의 학교생활을 사진으로 찍어 보내고, 틈틈이 병문안을 와 주었다.

↓

결과	민수의 표정이 한층 밝아지고, 선생님과 반 친구들에게 고마운 마음을 가졌다.

2 – (○)
– (○)
– (×)
– (×)
– (×)

83쪽 느낌·생각

1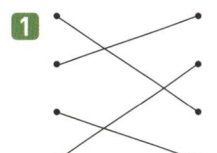

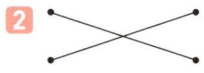

2 ㉠ 공부한 노트를 잘 정리해서 민수에게 전해 주는 건 어떨까요? 병원에서 틈틈이 볼 수 있도록 말이에요. / 우리가 이렇게 함께 힘을 모아 다가가면 민수의 아픈 몸과 마음이 조금이라도 건강해질 수 있을 거예요.

3 ㉠ 선생님과 친구들, 민수뿐만 아니라 병실의 다른 어린이 환자들도 함께 눈을 만지고 자그마한 눈사람을 만들며 행복해했다. 그리고 민수는 이런 좋은 친구들이 있음에 기뻐하고, 더 열심히 치료받고 머지 않아 학교로 돌아가겠다고 다짐했다.

84쪽 작품화 하기

1 ㉠ 마음을 모아 아픈 친구를 도운 3학년 2반 친구들에게

　안녕? 나는 초록 초등학교 3학년 나진희라고 해. 너희들 이야기를 읽고 마음이 뭉클해져서 이렇게 편지를 써. 참! 내 이름이 이야기 속의 진희와 이름이 같지? 그렇다고 나는 진희처럼 속이 깊지는 않아.

　세상에는 1학년 때 민수를 대머리라고 놀린 못된 아이들보다 너희들처럼 착한 아이들이 더 많은 것 같아. 민수가 학교에 자주 나오지 못했다고 하니 너희들과 친해질 기회도 별로 없었을 텐데 관심을 갖고 힘을 합쳐 도울 생각을 했다니 내가 다 고마운 마음이 들어.

　이후에 민수가 어떻게 건강을 회복해 나갔을지 상상해 봤어. 혼자는 헤쳐 나가기 힘든 일도 함께 힘을 합치고 포기하지 않으면 꼭 이룰 수 있을 테니까. 민수와 민수네 가족, 그리고 너희들, 선생님 모두 지금처럼 협동하며 끝까지 포기하지 않고 이겨 내기를 응원할게. 학년과 반이 바뀌어도 말이야.

　　　　　　　　　　　　20○○년 12월 24일
　　　　　　　　　　　　　　　　　　진희가

2 협동을 주제로 자유롭게 만화를 그려 본다.

C-2 서로 힘을 합쳐요

86쪽 배경지식

1 일기

3 – (○)
　– (   )
　– (   )
　– (○)
　– (○)
　– (   )

87쪽 배경지식

4
월, 일 및 요일을 씁니다.	날짜
그날의 날씨를 씁니다.	날씨
일기의 제목을 씁니다.	제목
일기 내용을 씁니다.	일기 본문

5 ㉠ 답답했던 일, 관찰한 일, 친구나 가족 등 주변 사람들에게 생긴 일

88쪽 내용 파악하기

1 1 삼십 리라를 잃어버렸기 때문에
　2 호주머니에 구멍이 난 것을 몰라서

89쪽 내용 파악하기

3 ㉠ 친구들에게 큰 소리로 가지고 있는 돈을 조금씩 모으자고 말하였다.
4 무엇이라도 주고 싶어서 들고 있던 꽃을 아이의 주머니에 꽂아 주었다.
5 잃어버린 돈인 삼십 리라가 훨씬 넘었다.

90쪽 내용 정리하기

1 1

2 ㉠ 아이가 굴뚝 청소를 하고 나서 받은 돈을 잃어버려 울고 있었다. 빨간 옷을 입은 여학생이 지나가다 보고 도와주자고 외쳐 여학생들이 돈을 모아 아이에게 주었다. 그 돈을 받고

아이가 기뻐하였다.

91쪽 느낌·생각

1 1 예 고마운 마음이 들었을 것이다.

   2 예 굴뚝 청소를 하는 아이는 돈을 벌어 오지 못했다고 아버지에게 맞았을 것이다.

   3 예 돈을 잃어버려 아버지한테 혼날 것에 눈앞이 깜깜했었어요. 그런데 처음 보는 나를 위해서 누나들이 힘을 모아 주어 정말 고마워요. 이 따뜻한 마음을 잊지 않고 열심히 살게요.

   4 예 언제 작년 가을에

      어디서 학교에서

      누가 우리 학교 학생 전체가

      무엇을 사랑의 빵 저금통 모으기를

      어떻게 쓰고 남은 용돈을 모아 사랑의 빵 저금통에 넣었다.

      왜 어려운 사람들을 돕기 위해

92쪽 일반화

1 날짜: 5월 4일 수요일   날씨: 맑음
제목: 함께 하면 무엇이든 할 수 있어!

　오늘은 현장 체험 학습이 있는 날이었다. 나는 기쁜 마음으로 현장 체험 장소로 갔다. 박물관에서 신기한 것도 구경하고, 많은 것을 알게 되었다. 엄마가 싸 주신 정성스런 도시락을 먹는 시간이 제일 즐거웠다. 엄마의 도시락은 맛있을 뿐만 아니라 모양까지 예뻐서 항상 인기 만점이기 때문이다.

　모든 일정을 마무리하고 지하철을 타려고 가는 길에 할머니 한 분이 커다란 짐 보따리를 들고 어쩔 줄 몰라 하셨다. 모른 척하고 가려니 한 친구가 우리 힘을 합쳐 할머니의 짐을 옮겨 드리자고 말하였다. 처음에는 짐이 너무 커서 우리가 들 수 없을 것 같았지만 여럿이 함께 힘을 합쳐 드니 조금 무겁기는 했지만 무사히 나를 수가 있었다. 할머니께서는 몇 번이고 고맙다고 말씀하시면서 주머니에서 사탕 몇 개를 꺼내 주셨다. 혼자 할 수 없는 일을 함께 하면 쉽게 이룰 수 있다는 걸 깨닫게 된 하루였다.

2 각자 평가해 보고, 일기를 고쳐 쓴다.

93쪽 작품화 하기

1 모둠별로 모여서 색칠해 본다.

2 예 혼자 그리는 것보다 재미있고 쉽게 칠할 수 있어서 좋았다. / 친구와 여자아이 옷 색깔을 칠하는 것으로 잠깐 의견 차이가 있었는데 같이 할 때는 남의 의견에도 귀 기울일 줄 알아야겠다고 생각했다.

94쪽 창의성

1 장님놀이, 말타기, 대문놀이, 수건돌리기, 숨바꼭질, 꼬리잡기, 줄다리기

C-3 나에게 피해가 있더라도 협동해야 하는가

96쪽 마음 열기

1 1 예 떼 지어 있는 작은 물고기들이 엄청 큰 물고기인 줄 착각하여서

   2 예 서로 협동하여 큰 물고기로 보이게 하여 상대에게 겁을 주었기 때문에

   3 예 함께 하면 하나도 무섭지 않아! / 살고 싶으면 뭉쳐라!

   4 예 운동회가 끝난 뒤 운동장에 쓰레기가 많았는데 3학년 학생들 모두 힘을 모아 주니 금방 깨끗해졌다.

97쪽 배경지식

1

98쪽 배경지식

2 예

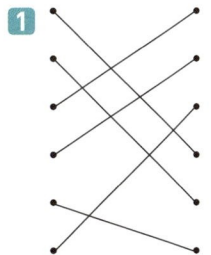

3 - (○)
  - (×)
  - (○)

- (×)
- (○)
- (○)
- (×)

99쪽 문제 알기

1. ㉠ 나에게 피해가 있더라도 협동해야 하는가

100쪽 문제 해결 방법 알기

1. ㉠

주장	나에게 피해가 있더라도 협동을 해야 한다	나에게 피해가 있다면 협동을 하지 않아도 된다.
그렇게 생각한 까닭	• 단체 생활을 할 때는 개인의 일보다는 전체가 우선시되어야 한다고 생각하기 때문이다. • 협동을 하면 언젠가 나에게도 도움이 될 수 있기 때문이다.	• 내 인생을 누가 대신해 주는 것이 아니듯, 내 삶이 무엇보다 가장 중요하기 때문이다. • 행복을 추구하기 위해 살아가는 데 손해가 있으면 행복하지 않기 때문이다.

2. ㉠

상황	좋은 점	좋지 않은 점
나에게 피해가 있더라도 협동한다	협동을 하면 많은 사람이 도움을 받는다.	자기 자신에게 피해가 있으면 행복하지 않다.
나에게 피해가 있다면 협동하지 않는다	협동으로 인해 개인이 손해를 입지 않아도 된다.	사람들이 자기만 위하게 되어 어두운 사회의 모습이 될 것이다.

3. ㉠ 협동을 할 것이다. 이 사회는 더불어 사는 사회이고 서로 도와야 잘 살 수 있기 때문이다. / 협동을 하지 않을 것이다. 나에게 피해가 있다면 협동하는 마음이 즐겁지 않다.

101쪽 초고 쓰기

1. ㉠ **제목** 더 나은 세상을 위한 협동

처음 복도 청소를 하던 중 친구가 자기가 나보다 더 많이 청소했다고 가 버림.

가운데
주장	나에게 피해가 있더라도 협동을 해야 함.
근거 1	협동을 하면 많은 사람이 행복해짐.
근거 2	당장은 손해를 보는 것 같아도 결국 언젠가는 나에게도 도움이 됨.

끝 어울려 사는 세상에서 협동이 필요함.

102쪽 글쓰기

1. 제목 ≪더 나은 세상을 위한 협동≫

〈처음〉 얼마 전 나와 친구가 복도 청소를 하고 있던 중이었다. 내가 잠시 화장실에 다녀온 사이에 자기는 나보다 더 많이 청소를 했다면서 집에 가 버렸다. 친구가 가 버리는 바람에 혼자 오래 남아 청소해야 했다.

〈가운데〉 나는 나에게 피해가 있더라도 협동을 해야 한다고 생각한다. 그 이유는 첫째, 협동을 하면 많은 사람이 행복해지기 때문이다. 친구가 더 많이 청소하기 싫다며 가 버렸지만 마음이 편하지는 않았을 것이다. 어차피 함께 하는 청소인데 같이 끝내고 가면 모두가 행복할 수 있을 것이다. 둘째, 당장은 손해를 보는 것 같아도 결국 언젠가는 나에게도 도움이 될 수 있다. 이 사회는 모두가 더불어 사는 세상이다. 서로 도움을 주고 도움을 받으면서 살아가는 것이다. 내가 친구를 도와 무엇인가를 해 주었다면 그 친구도 내가 필요로 할 때 힘을 합쳐 줄 것이다.

〈끝〉 이렇듯 여럿이 어울려 사는 사회에서 많은 사람이 행복하고 편리하기 위해 나에게 피해가 있더라도 협동을 해야 한다고 생각한다.

103쪽 창의성

1. ㉠ 찬성, 쓰레기 소각장은 사람들이 모여 사는 곳이면 꼭 필요한 시설물이기 때문이다. 그 대신 주변에 공원을 꾸며 주는 등의 환경 정비 사업이 잘 이루어지도록 건의를 할 것이다.

D 나라 사랑 큰나무

D-1 백범 김구 기념관을 다녀와서

107쪽 마음 열기

1. 나라 사랑

108쪽 낱말 익히기

1. 응석, 연보, 의사
묘역, 가담, 기념관

2 예

태극기	국경일에는 <u>태극기</u>를 달도록 합시다.
의병	<u>의병</u>이 나쁜 관리들을 무찔렀습니다.
민족정신	어려서부터 <u>민족정신</u>을 잘 길러야 합니다.
독립군	만주 지역에서 <u>독립군</u>이 일본군과 싸웠습니다.
의사	윤봉길 <u>의사</u>는 일제 시대 때 나라를 되찾기 위해 애쓰셨습니다.

109쪽 예측하기

1 예 나라를 위해 평생을 바친 분이시다. / 여러 번 감옥에도 갔지만, 나라를 사랑하는 마음은 바뀌지 않았던 분이시다.

110쪽 내용 파악하기

1 아빠와 휴일 나들이를 나갈 수 있게 되어서

2 효창 공원

111쪽 내용 파악하기

3 예 김구 선생님 묘가 효창 공원에 있어서

112쪽 내용 파악하기

4 백범 김구 선생님의 연보

5 어려서는 의병, 조금 커서는 동학군, 아빠 나이쯤부터는 독립군과 임시 정부 일까지 평생을 나라를 위해 일하셨다.

114쪽 내용 정리하기

1
1 동학
2 광무황제
3 을사조약
4 안중근
5 이봉창, 윤봉길
6 주석
7 신탁 통치
8 안두희

115쪽 느낌·생각

1 예 옳은 일에 대해서는 굽히지 않는 강직한 성품을 가지고 계셨다. / 대쪽같이 굳은 성품을 가지셨다. / 자신의 신념에 어긋나는 것은 절대 받아들이지 않으셨다. / 면회 오는 사람들이 보낸 음식을 나누어 먹는 것으로 보아 마음이 따뜻하고 베푸는 성품을 지닌 분이시다.

2

『백범일지』는 다른 사람이 백범 김구 선생님의 일대기를 쓴 전기문입니다.	×
김구 선생님의 어린 시절 이름은 창암입니다.	○
김구 선생님은 서당 공부를 하고 시험을 봐서 합격해서 나라의 관리가 되었습니다.	×
김구 선생님은 40살이 넘어서 상해 임시 정부로 갔습니다.	○
김구 선생님은 이봉창 의사가 일왕에게 수류탄을 던질 수 있도록 뒤에서 도왔습니다.	○
김구 선생님은 윤봉길 의사가 폭탄을 던질 수 있도록 도왔습니다.	○
김구 선생님은 미국에서 독립 자금을 많이 모았지만 주로 미국에서 활동하며 거의 다 썼습니다.	×
김구 선생님은 어떤 나라도 우리 스스로를 대신해 다스릴 수는 없다고 생각했습니다.	○

116쪽 창의성

1 예 유관순 언니께

안녕하세요? 해마다 삼일절이 오면 언니가 태극기를 들고 만세를 부르던 모습이 떠올라요. 많지도 않은 나이에 어떻게 그런 용기를 낼 수 있었는지 저는 상상이 가질 않아요.

그때 유관순 언니를 비롯한 많은 분들의 나라를 찾고자 하는 노력과 수고가 없었다면 지금 우리가 이렇게 편하고 행복한 삶을 누리고 있지 못했을 수도 있어요. 정말 감사합니다. 그리고 존경합니다. 하늘에서나마 발전한 우리나라를 보고 웃고 계실 거라고 믿습니다.

희수 올림

2 예 물건을 아껴 쓴다. / 국산품을 애용한다. / 주어진 일에 최선을 다하여 훌륭한 인물이 되어 나라의 위상을 드높인다. / 우리나라의 환경 보존에 힘쓰기 위해 일회용품 사용을 줄인다.

D-2 나라를 사랑하는 마음

118쪽 배경지식

1 감상문

2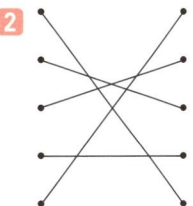

3 예 다양한 간접적인 경험을 할 수 있다. / 스트레스를 해소할 수 있다. / 재미와 감동을 느낄 수 있다.

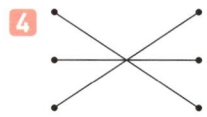

119쪽 배경지식

4. (선으로 연결)

5. 예) 영화관에서 본다. / TV에서 본다. / 영화 파일을 돈을 지불해 다운받아서 컴퓨터로 본다.

6.
제목	자신의 생각을 잘 표현할 수 있는 내용으로 제목을 정합니다.
접하게 된 동기	이 영화를 어떻게 보게 되었는지 씁니다.
전체 줄거리	전반적인 줄거리를 씁니다.
생각이나 느낌	영화를 다 본 뒤 느낀 점을 씁니다.
자신에게 미친 영향	영화를 보고 나서 어떤 생각의 변화가 생겼는지 등을 씁니다.

120쪽 내용 파악하기

1. 1 메러디스 빅토리 호

121쪽 내용 파악하기

2. 예) 머리 좋은 남동생의 대학 입학금이며 등록금 등을 내기 위해 높은 수입이 보장되는 서독으로 일자리를 찾아 떠났다. / 돈을 벌기 위해 서독의 광부가 되어 떠났다.

122쪽 내용 파악하기

3.
내용	순서
흥남 철수가 이루어졌다.	1
덕수와 영자가 결혼하였다.	4
덕수가 베트남에 일하러 갔다.	5
덕수가 서독 광부로 일하러 갔다.	3
덕수가 동생 막순이를 만나게 되었다.	6
덕수가 고모네 꽃분이네 가게에서 일하였다.	2

123쪽 느낌·생각

1. 예)
장면	자신의 생각이나 느낌
흥남 철수가 이루어진 장면	피란민의 절박한 삶의 모습이 안타깝게 느껴졌고, 지금 그런 아픔을 겪지 않는 것이 다행이라고 생각되었다.
꽃분이네 가게 간판을 다는 장면	덕수 아저씨가 이 세상을 모두 가진 것처럼 기뻐하는 마음이 나에게 그대로 전해졌다.
덕수와 영자가 서독에서 광부와 간호사로 힘들게 일하는 장면	낯선 곳에서도 우리나라와 가족을 위해 고생하는 모습에 감동을 느꼈고, 지금의 내 생활에 감사함이 느껴졌다.
이산가족을 찾는 장면	헤어진 가족을 찾는 간절함이 느껴졌지만, 가족과 떨어지고 어떻게 살 수 있을지 상상이 가지 않았다.

2. 예)
영화 제목	장면	자신의 생각이나 느낌
워낭소리	할아버지가 소를 쓰다듬는 장면	할아버지와 소와의 애틋함이 느껴졌다.

124쪽 느낌·생각

3. 예) 〈제목〉 할아버지와 소의 사랑
– 영화 〈워낭소리〉를 보고

〈접하게 된 동기〉 동물을 좋아하는 나는 산골 마을의 할아버지, 할머니와 소와의 행복한 생활을 그린 영화라고 해서 보게 되었다. 개와의 우정을 그린 영화나 이야기를 많이 봤어도 소와의 교감이라니 신기하기도 하고 궁금하기도 했다.
〈전체 줄거리〉 영화의 최 노인과 함께 30년을 생활한 소는 친구이며, 농기구이며, 자가용이었다. 최 노인은 한쪽 다리가 불편하지만 소 먹이를 위해 매일 산을 오르고, 소 역시 제대로 서지 못하지만 최 노인을 위해 나뭇짐을 나른다. 최 노인은 너무 오래 산 소가 죽는 모습을 생각하면 너무 안타까워 팔려고 했지만, 결국 소가 죽을 때까지 키운다.
〈생각이나 느낌〉 최 노인과 소가 함께한 아름다운 추억을 보며 나도 가족과 친구들과 함께했던 시간을 떠올려 보았다. 행복한 생각이 들었다.
〈자신에게 미친 영향〉 이 영화를 보고 나는 그동안 너무 메마르게 살았다는 생각을 했다. 나의 형제와 이웃 그리고 친구들과 서로 사랑하며 살아야겠다.

4. 친구들과 바꿔 읽어 본다.

125쪽 작품화 하기

2. 친구들이 포스터를 보고 영화를 보고 싶은 마음이 들도록 그려 본다.

D-3 친일파의 재산이라도 보호해야 하는가

127쪽 마음 열기

1. 1 예) 돈이 많아서
2 예) 돈이 없어서
3 예) 친일 행위를 한 대가로 돈을 많이 받아서
4 예) 독립운동을 하느라 돈을 모으지 못해서 / 독립운동가나 그의 가족에 대한 특별한 대우를 해 주지 않아서

5 예 우리나라의 독립을 위해 목숨까지 바치며 애쓴 독립운동가들의 삶은 너무 어려웠고, 국민들의 손가락질을 받는 친일파들은 부유하게 살았다고 생각하니 화가 나고 너무나 안타까운 생각이 든다.

129쪽 배경지식

2 ③

3 독, 친, 독, 친, 친, 친

130쪽 문제 알기

1 예 친일파의 재산도 보호해야 하는가

131쪽 문제 해결 방법 알기

1 예

주장	친일파의 재산이라도 보호해야 한다.	친일파의 재산은 보호하지 말아야 한다.
그렇게 생각한 까닭	• 자기 재산은 어떠한 경우에도 보호해 주어야 한다. • 누구에게나 법이 평등하게 적용되어야 한다. • 그 후손들에게 조상이 지은 죄에 대하여 책임을 물을 필요는 없다.	• 나라를 팔아먹은 사람의 재산까지 보호할 필요는 없다. • 나쁜 일을 한 사람의 재산까지 보호해 줄 필요는 없다. • 나라를 팔아먹는 사람들에게까지 관용을 베푼다면 훗날 나라를 위해 일할 사람이 없을 수도 있다.

2 예

상황	좋은 점	좋지 않은 점
친일파의 재산이라도 보호해야 한다	• 사유 재산 보호라는 평등권이 유지될 수 있다.	• 이기심을 넘어 다른 사람, 나라에 막대한 피해를 입혀도 괜찮나 하는 생각의 나쁜 본보기가 된다.
친일파의 재산은 보호하지 말아야 한다	• 사회 정의를 구현할 수 있다. • 많은 사람들의 바람을 실현시킬 수 있다.	• 법의 안정성을 해칠 수 있다. • 친일의 후손 중 속죄하는 마음으로 사회 공헌을 한 사람이 있을 때 억울한 면이 있을 수 있다.

132쪽 문제 해결 방법 알기

3 예 – 보호해야 한다, 후손들에게 조상의 죄까지 책임을 물을 필요는 없다고 생각하기 때문이다.
– 보호하지 말아야 한다, 나라를 팔아먹은 죄는 쉽게 용서될 수 없기 때문이다.

4 각자 친구들의 의견을 정리해 본다.

133쪽 초고 쓰기

1 예 〈찬성 쪽〉

제목	친일파의 재산이라도 법의 테두리 안에서!
처음	친일파의 재산을 환수해야 한다고 주장하는 토론을 봄.
가운데	주장: 친일파의 재산이라도 개인의 재산은 보호해야 함. 근거 1: 개인 재산을 친일파나 그의 후손이라는 이유만으로 뺏을 순 없음. 근거 2: 법은 누구에게나 공평해야 함.
끝	친일파의 재산이라도 보호해야 함.

예 〈반대 쪽〉

제목	친일파의 재산, 환수가 정답!
처음	뉴스에서 친일파의 후손이 재산을 찾으려 한다는 내용을 접함.
가운데	주장: 친일파의 재산은 보호하면 안 됨. 근거 1: 나라를 팔아먹은 나쁜 행위를 한 사람과 후손들은 처벌받아야 함. 근거 2: 우리 후손들이 교훈으로 삼아야 함.
끝	개인의 재산이라 하더라도 친일파의 재산까지 보호할 필요는 없음.

134쪽 글쓰기

1 〈제목〉 친일파의 재산, 환수가 정답!
〈처음〉 얼마 전 뉴스에서 친일파의 후손들이 조상의 땅을 찾기 위해 소송을 건다는 내용이 나왔다.
〈가운데〉 나는 친일파의 재산은 보호할 필요가 없다고 생각한다. 왜냐하면 나라를 팔아먹은 나쁜 행위를 한 사람과 그의 후손들은 처벌받아야 하기 때문이다. 나라에 그토록 큰 잘못을 저지른 사람들이 숨어서 살기에도 부족할 것 같은데 큰 목소리를 낸다는 것이 어이가 없었다. 또한 우리 후손들이 이러한 일을 교훈으로 삼아 옳고 그른 일을 하는 것에 대한 의식을 바로 세워야 하기 때문에 더더욱 선처를 베풀어서는 안 된다고 생각한다.
〈끝〉 독립운동가들께서 이 소식을 들으신다면 하늘에서도 슬퍼하실 것이라고 생각한다. 우리나라의 정기를 세우기 위해서라도 친일파의 재산을 보호하면 안 된다고 생각한다.

135쪽 창의성

1 예 독립운동가들과 후손들이 명예롭고 행복하게 살 수 있도록 다른 나라의 경우처럼 나라에서 앞장서 도움을 주고 지원을 해야 할 것이라고 생각한다.

■ 글
- 〈우주 최강의 가족〉, 김상규 / 12쪽
- 〈우리 집 강아지 레오〉, 이주영 / 43쪽
- 〈잔소리 폭탄〉, 이주영 / 46쪽
- 〈콩 한 쪽도 나누어요〉, 고수산나, 열다(한우리북스) / 57쪽
- 〈나는 누구일까?〉, 위기철 / 64쪽
- 〈마음을 모아요〉, 이주영 / 78쪽
- 〈사랑의 학교〉, 에드몬드 데 아미치스 원작, 이규희 엮음, 삼성출판사 / 88쪽
- 〈나라사랑큰나무 달기 운동〉, 문화체육관광부 / 107쪽
- 〈백범 김구 기념관을 다녀와서〉, 김상규 / 110쪽
- 〈선진국들은 제도적으로 독립운동가 '지극정성 예우'〉, 김영실, 일요주간(2014. 5. 28.) / 135쪽

■ 이미지
- 〈헨리 포드〉 사진, Hartsook, wikimedia commons / 23쪽
- 〈알버트 아인슈타인〉 사진, Orren Jack Turner, wikimedia commons / 23쪽
- 〈공자〉 사진, wikimedia commons / 30쪽
- 〈강태공〉 사진, Wang Qi, wikimedia commons / 30쪽
- 〈정철〉 사진, 한국학중앙연구원 / 30쪽
- 〈효경〉 사진, 경기도박물관 / 30쪽
- 〈할미꽃〉 사진, Yellowstone National Park, flickr / 32쪽
- 〈그에게 당신은 아직 주인입니다〉 포스터, 한국방송광고진흥공사 / 71쪽
- 〈모내기〉 사진, choasin, flickr / 75쪽
- 〈개미들〉 사진, Fractality, flickr / 75쪽
- 〈안네 프랑크〉 사진, Ian McKellar, flickr / 86쪽
- 〈안네의 일기〉 사진, Heather Cowper, flickr / 86쪽
- 〈난중일기〉 사진, 문화재청 / 86쪽
- 〈월드컵 응원〉 사진, 김동수, 경상일보 / 106쪽
- 〈국제시장〉 포스터, CJ E&M / 117쪽
- 〈흥남 철수 장면 ①, ②, ③〉 사진, 국가보훈처 / 120쪽
- 〈우리나라 사람들이 서독 광부로 일하는 모습〉 방송 장면, EBS / 121쪽
- 〈한국간호원서독으로출발비행기에오르는모습2〉 사진, 국가기록원, 관리번호 CET0069908 / 121쪽
- 〈파월맹호부대맹호8호작전4〉 사진, 국가기록원(관리번호 CET0045831) / 122쪽
- 〈파월맹호부대홍길동작전15〉 사진, 국가기록원(관리번호 CET0045878) / 122쪽
- 〈이완용〉, 〈박제순〉, 〈이지용〉, 〈이근택〉, 〈권중현〉 사진, wikimedia commons / 128쪽
- 〈한국만평〉 이미지, 배계규, 한국일보(2015. 10. 25.) / 130쪽

> EBS 미디어는 이 책에 실린 모든 글과 이미지의 출처를 찾기 위하여 최선의 노력을 기울였습니다.
> 저작권자를 찾지 못하여 허락을 받지 못한 글과 이미지는 저작권자가 확인되는 대로 통상의 사용료를 지불하겠습니다.